¡LA FE HACE QUE SE ACTIVE EL FAVOR DE DIOS!

MOVIMIENTO DE FE

HECTOR SANTIAGO

MOVIMIENTO DE FE

EDITORIAL ZOE
TUS SUEÑOS HECHOS LITERATURA
WWW.EDITORIALZOE.COM

Derechos de autor: Hector Santiago

2024
Primera edición
Edición: Editorial Zoe
Portada
Hector Santiago
Edición
Fabian Diaz Atencio

© **Todos los derechos reservados**
Esta publicación no puede ser reproducida, en todo o en parte, ni registrada o transmitida por un sistema de recuperación de información, en ninguna forma ni por ningún medio, sea mecánico, fotoquímico, electrónico, magnético, por fotocopia, o cualquier otro, sin el previo permiso por escrito de la editorial.

Impreso en EEUU

Introducción

Dios está trayendo a su iglesia tiempos de esperanza y nuevos desafíos. Siempre que Dios te traiga una promesa, habrá una demanda de fé mayor para creer. Cada etapa de la vida va a exigir una mayor demanda, así que la única razón bíblica para fracasar es la incredulidad. Tú no puedes dudar y creer al mismo tiempo.

Si algo hará Dios es llenarte de una fé sobrenatural. El Espíritu del Señor nos está ministrando en este tiempo para ver cosas imposibles. Recuerda: es muy probable que lo que sea difícil e imposible para ti, para Dios es posible. Así que la dimensión sobrenatural es un ámbito eterno, invisible y permanente. En la eternidad de Dios, las cosas no cambian, son eternas, por eso la Biblia dice que él es el mismo ayer, hoy y por los siglos. En la eternidad, las imposibilidades no existen. Todas las cosas están completas en la eternidad, donde solo se accede a ese ámbito por medio de la fé.

Así que la fé es la distancia de lo invisible a lo visible; la fé opera con la imaginación del hombre, todo lo que tú comiences a crear en tu mente se volverá materia en tu boca; todo lo invisible será visible. La fé percibe como un hecho real aquello que ha sido revelado en tu mente. **¿Tu pregunta sería si todos los cristianos tienen fé?** Sí, pero en diférentes medidas: la palabra confirma que todos los creyentes tienen fé, pero no todos tenemos las mismas medidas. Dios llevará a un nivel de fé mayor a aquellos que hayan creído en cosas mayores y lo empujará a un nivel de fé mayor.

PROLOGO

El libro que tienes en tus manos te va a sorprender muchísimo, hay unos códigos de Fé impresionantes, cargados de revelación Siempre he sido un hombre de fé que opera en la dimensión de Romper los limites, Temas como: la mega fé, fé que rompe los limites, y fé bajo ataque, te llevaran a una nueva Movimientos de Fé. Estoy seguro que cuando leas este libro que el Pastor Riquelbi Santiago llevo guardando tanto tiempo en su espíritu muchas cosas cambiarán en tu entorno. Este Libro fé que rompe los Limites, es la llave maestra para entrar en tu nueva dimensión.

Apostol Andry Corporán

CONTENIDO

¿Qué es la Fé?..9

Fé bajo ataque 17

La fé sobrenatural 25

Los cuatro ingredientes secretos de la fé 31

Recibe tu milagro 37

Fé para mover montañas y ver cosas mayores 43

La megafé acelerada 53

Camine por fé, no por vista 59

Fé que rompe los límites 65

Rompe el estancamiento y el razonamiento....75

Fe en movimiento..83

Movimiento de fe...97

Capitulo I
¿Qué es la Fé?

¿Qué es la Fé?

La fé es la palabra hebrea *"Emuna"* que significa firmeza, seguridad, fidelidad, reino, veracidad, honradez, lealtad. Así que la fé es la misma naturaleza de Dios desatada en los hombres, pero en este día, yo desato el "Emuna" de Dios para que tengas firmeza de mirar lo imposible, levantarte donde otros se caen. Dios desata fé.

Así que la fé es la garantía, la confirmación, el título de propiedad de las cosas que esperamos; es la convicción. La fé percibe como un hecho real lo que no está manifestado, por ejemplo: no tienes el dinero para adquirir la casa que fuiste a ver, pero ya es tuya; el carro que viste, no lo tienes, pero ya es tuyo; la fé percibe lo que es tuyo antes de poseerlo, si tienes fé, tienes la garantía de que es tuyo.

Por la fé entendemos

Si algo te da la fé es entendimiento y revelación de lo que esperas. Hebreos dice: *"por la fé entendemos haber sido constituido el universo por la palabra de Dios, de modo que lo que se ve fue hecho de lo que no se veía"*. Todo lo que tú tienes, la capacidad de imaginar, puedes materializarlo; es más, el milagro de fé empezó en tu mente el día que tus sentidos se conectaron a la fé. Por eso, una mente está conectada a la fé. Así que la fé materializa lo que está en el ahora y lo conecta al presente. La fé, para muchos de nosotros, es lo que el oxígeno es para nuestros pulmones; la fé es la materia prima de tu milagro. Así que si lo puedes creer, lo puedes tener. Alguien tiene que soñar hoy, lo imposible, lo posible no se sueña; cualquiera lo puede hacer, pero lo imposible necesita de esa fé *"Emuna"*, de ese peso en lo que se cree, de esa esperanza que no se muere.

Por la fé llamamos a la existencia, las cosas que no son, el mayor nivel de entendimiento es la fé pues te permite entender los misterios de Dios sin cuestionarlo; por la fé, Abraham salió de su tierra y su

Movimientos de Fé

parentela a la tierra que Dios tenía preparada para él, pues la fé es como un mapa, es una brújula que te lleva a tu destino profético. Así que lo que tú no entiendas en lo natural por medio de la fé, lo entiendes en lo profético.

Las personas hablamos de fé, pero pocas hacemos lo que la fé exige que se haga; es más, nosotros mismos somos el resultado de una fé que los peleó en el mundo espiritual, que los afirmó y que los conectó a un manto. Para que nosotros entendamos por medio de la fé, necesitamos saber cuáles son las medidas de fé en las que estamos operando, pues cada medida traerá una demanda mayor. Veamos a continuación qué es una medida de fé.

¿Qué es una medida de fé?

Una medida de fé es la esféra de influencia y de dominio donde tú pones tu fé a producir; en el mundo espiritual, todo opera en niveles de autoridad y en medidas, así que tu autoridad está ligada a tu fé, y tu fé responde a una medida. Si tú no conoces en la medida que tú estás operando, no podrás ver las cosas mayores que solo tendrás acceso por medio de la fé.

Jesús, en **Mateo 11:23**, está desafiando la fé de los discípulos, para ver cosas mayores y enseñarles que por medio de la fé ellos iban a ver cosas imposibles. Él les dice: *"En verdad os digo que cualquiera que diga a este monte: Quítate y arrójate al mar, y no dude en su corazón, sino crea que lo que dice va a suceder, le será concedido"*...

En este libro, quiero hablarles a los hijos que van para una nueva dimensión de fé, gente que va a decir al Almonte: *"muévete"*, y el monte se moverá, pues ellos operan en medida de la fé. Los montes representan oposición, batallas; son una barrera que te impide recibir lo que Dios te ha prometido.

Los montes son las imposibilidades en el camino. Imagínate tú, es ilógico en lo natural que tú le digas a un monte: *"muévete"* y este se mueva, por eso tu fé está ligada a tu autoridad, todo lo que hay en la tierra está sometida a la autoridad del hombre. Cuando el hombre cae en el huerto pierde su nivel de autoridad; en el huerto no se necesitaba la fé, allí opera Adán, en la autoridad que Dios le delegó, pero cuando el hombre peca, necesita esa autoridad y la obtiene por medio de la fé. En el mundo espiritual, las cosas responden a la fé que tú tengas.

Hay una montaña financiera que hoy se va mover: en tu familia, ministerio, matrimonio, empresa, trabajo. Yo profétizo que toda montaña de problemas hoy es hecha al mar. Mi pregunta sería, **¿cuál es tu medida de influencia por medio de la fé?** Quizás muchos tienen una medida para ver sanar un dolor de cabeza, pero no para ver a una persona sana de cáncer; otros tienen una medida de fé en el área financiera, otros para levantar empresas. Así que en el área donde esté operando esa medida de fé, hay que desarrollarla.

La medida de fé más alta es ejercer dominio sobre lo creado. La fé le funcionó a Moisés para despojar a Egipto, pero no funcionó frente al mar **(Éxodo 14 v.15)**, pues la fé solo se desarrolla enfrentando las cosas por medio de la fé que son imposibles para ti.

¿Tú quieres ir a otra medida de fé? Ora por lo que nunca has orado; rompe los límites de la razón; debes creer que Dios puede hacer más de lo que pedimos o entendemos, pero para desarrollar la fé, tienes que cruzar la línea y orar por lo que nunca has orado.

La fé es práctica

La fé es como un músculo, se desarrolla al ser utilizado. Cuanto más utilices tu fé, más se extiende. Y mientras más se extienda, Dios será capaz de extenderte. Para poder transformar tu ambiente, necesitas transformar y descodificar tu mente razonal. *"Recuerda que la perseverancia es más importante que la velocidad"*. Hay muchos que van muy rápido, pero no se dirigen a ningún lado, pues su fé es estacional, llegaron a un nivel de conformismo. No solo es una prueba de velocidad, es una prueba de resistencia y de legitimidad. **(Leer 2 Timoteo 2 v.15)**.

Tu fé será sometida a prueba

"Para que sea sometida a prueba vuestra fé, mucho más preciosa que el oro, el cual, aunque perecedero sea aprueba con fuego, sea hallada en alabanza, gloria y honra cuando sea manifestado Jesucristo" **(1 Pedro 1 v.7)**.

Movimientos de Fé

Cuando miramos este verso bíblico, nos damos cuenta que antes de una respuesta, lo primero que van a someter es el nivel de fé que tú tengas. Por eso, en medio de la respuesta, siempre habrá oposiciones que van a determinar de qué material está hecha tu fé. La fé solo es probada en medio de la dificultad, así que no es lo mismo estar ilusionado que estar convencido: cuando estás convencido, sabes que aunque no estás viendo nada es tuyo por medio de la fé, y si el oro es valioso, se prueba con fuego cuanto más sea tu fé.

Hoy día tenemos personas con una fé mental, por eso, cuando someten esa fé al fuego, inmediatamente se desvanece pues tenían una ilusión mas no una convicción, una certeza; Por lo regular, las personas sueltan las promesas de Dios cuando son probados por el fuego, se cansan, tienen los ojos puestos en las imposibilidades mas no en quien desata la respuesta. En su mayoría, las personas tienen fé para perder el carro y no para pagar la deuda, dan más crédito al enemigo que al Dios que desata la promesa.

Cuando tu fé es sometida a prueba y resistes, verás las promesas de Dios cumplirse delante de ti, pues tu fé fue calificada para aquello que estabas esperando, tu resistencia te dio legalidad a la promesa para poseerla, Dios no necesita convencerse de lo que hará contigo, pero para recibir lo que se soltó en la eternidad, tu fé será probada para verificar si esa fé califica. La fé es la misma para todo, pero es necesario reconocer que la fé se mueve en niveles, niveles de fé… **(Leer Romanos 1 v.17)**. Es posible que la fé que le sirvió para algo ayer, ya haya expirado, y hoy necesita un nuevo nivel de fé en Dios. Cada milagro te va a demandar un nivel de fé diférente.

Antes de tú tener respuesta, primero debe ser probada tu fé. La gente quiere respuestas en todo, pero no quieren ser probados **(Leer Santiago 1 v.3)**.

¿Cuáles son los diférentes tipos de fé?

1. La fé para salvación.

2. La fé para recibir un milagro.

3. La fé para producir milagros.

4. La fé fingida. Es muy peligrosa porque tú piensas que tienes fé, pero al final se desvanece **(2 Timoteo 1 v.5)**. La fé fingida es muy espumosa.

5. Fé emocional **(Marcos 10 v.22)**. Probaron su fé para poder aumentarlo a más.

6. Fé circunstancial. Depende de cómo esté la situación actual **(Éxodo 14 v.11)**.

7. Fé momentánea. Mientras puede sentir y ver **(Habacuc 2 v.4)**.

8. Fé conveniencia. Para recibir solamente, cero compromisos con Dios.

Dios te entrega fé para producir milagros

La fé no es muerta, es activa. La fé siempre está en movimiento. La fé nunca se detiene, ella siempre está produciendo algo que tú necesitas; muchos de ustedes están esperando cosas y no la han recibido, el problema es que tú te detuviste, pero la fé siguió trabajando sola.

Activación

Yo declaro que Dios el Padre, activa la fé de los hijos para ver donde otros no ven; tú no vas a morir sin tu herencia, mucho menos sin un territorio, así que la unción y la fé que estuvo sobre Caleb, hoy se desata sobre ti.

Capitulo II
Fé bajo ataque

Fé bajo ataque

"He entendido que todo lo que Dios hace será perpetuo; sobre aquello no se añadirá ni de ello se disminuirá; y lo hace Dios, para que delante de él teman los hombres. Aquello que fue, ya es; y lo que ha de ser, fue ya; y Dios restaurará lo que pasó" **(Eclesiastés 3:14-15).**

Este es el tiempo donde se nos va a liberar un ámbito de respuestas como nunca antes, pues la fé revela tu nivel de obediencia, porque donde hay es la prueba de tu fé manifiesta, la obediencia paraliza las tinieblas y hay portales que se van a abrir por medio de la fé.

Nuestra fé está bajo ataque

Estamos siendo sutilmente bombardeados por el enemigo para que no creas a las promesas de Dios; estamos experimentando un cansancio del alma, fatiga, frustración, desilusión; estamos cada día más vulnerables a tomar decisiones equivocadas ya que nuestra fé está bajo ataque del enemigo.

¿Qué es un ataque espiritual?

Un ataque a nuestra fé es una serie de eventos en el mundo espiritual con el fin de hacer abortar las promesas y destruir nuestra fé, de oprimir a los hijos de Dios y sacarlos del propósito eterno y que no llegue a destino profético.

¿Cuáles son las señales de un ataque a nuestra fé?

Frustración. Un sentido de insatisfacción por lo se ha podido lograr.

Movimientos de Fé

Cansancio espiritual. El enemigo empieza a desgastar la fé, pues por lo que ya orabas, no sientes el mínimo deseo de orar, perdiste la expectativa.

Se pierde la pasión por Dios. Este es uno de los principales objetivos de un ataque a nuestra fé, conseguir que nos apartemos de nuestro destino y reduzcamos a Dios a la opinión de un hombre.

Batallas mentales. El enemigo bombardea tu mente constantemente para que no sientas paz y sientas que estás en derrota y perdiendo el tiempo. La mente se ha agotado. El enemigo hace todo lo que puede para llevarte a la fatiga mental y puedas dudar en tu mente, pues si toma tu mente, también toma tu corazón y destruye tu fé.

Cuestionas la dirección y el llamado

A medida que el enemigo ataca nuestra fé, comienza a darle razones para renunciar a la misma cosa que Dios le llama a los proyectos, planes y propósitos de Dios. Esta es una de sus artimañas principales. Muchas veces, una persona en medio de un ataque cuestionará las palabras proféticas que se han desatado sobre su vida, avances espirituales o experiencias significativas que tuvo. El propósito del enemigo es desgastarte para que pierdas el ritmo.

Cuando tu fé está bajo ataque, tienes que romper el techo

"Entró Jesús otra vez en Capernaum después de algunos días; y se oyó que estaba en casa. Inmediatamente se juntaron muchos, de manera que ya no cabían ni aun en la puerta; y les predicaba la palabra. Entonces vinieron a él, unos trayendo un paralítico que era cargado por cuatro. Y como no podían acercarse a él a causa de la multitud, descubrieron el techo de donde estaba, y haciendo una abertura, bajaron el lecho en que yacía el paralítico. Al ver Jesús la fé de ellos, dijo al paralítico: Hijo, tus pecados te son perdonados" **(Marcos 2:1-5)**.

En el texto citado, leemos la historia del paralítico el cual no fue sanado por la fé de él, sino por la fé de sus amigos; estos últimos tuvieron que estirar su fé al máximo para ver el milagro manifestado. Cuatro Amigos de fé… Jesús tuvo que elogiar la fé tan grande de ellos. Es mejor cuatro **(4)** amigos de fé que una multitud de amigos que no ayudan. Tienes que conectarte con gente de fé.

Para ellos recibir el milagro, debieron romper con los límites de la razón, porque esta se convierte en un enemigo letal de la fé. Quiero ilustrar lo siguiente: había una gran multitud que desde el punto de vista como lo presentan cada uno de los Evangelios, vamos a ver los obstáculos que ellos tuvieron que enfrentar. Así, la pregunta sería: **¿dónde estaba Jesús?** Mateo dice que estaba en su ciudad; Marcos dice que era Capernaum: *"Allí vivía Jesús"* **(Mateo 4 v.13)**. *Mateo agrega que acababa de llegar de un viaje misionero y entró en una casa que los Eruditos y varios comentaristas creen que "era la casa de la suegra de Pedro".*

La casa de la suegra de Pedro estaba agolpada a causa de la multitud. Esta casa colapsaba de gente, pues Jesús estaba allí sanando, liberando y echando fuera demonios **(Marcos 1:29-34)**. En esta ocasión, había mucha gente importante. Lucas dice que *"estaban sentados los Fariseos y los Doctores de la ley"*, que habían venido de todas las aldeas: Galilea, Judea y Jerusalén… Había mucha gente: unos a escuchar las enseñanzas de Jesús; otros a ver cómo le conseguían fallas al Maestro; otros que querían ver una manifestación de poder; otros con enfermos tal vez buscando milagros. Lo cierto es que la fama de Jesús se extendía por todo Lugar **(Marcos 1:28. Lucas 4:14)**. La casa estaba totalmente llena.

Estos cuatro hombres tuvieron que romper los límites de aquella gran multitud que al igual que él tenían sus necesidades por un milagro, al punto que tuvieron que tomar otra alternativa de fé y romper el techo porque cuando tienes fé para recibir el milagro no importan los obstáculos, los cuestionamientos; tú sabes que tienes que ir y tomar tus milagros; aquellos cuatro hombres no perdieron el tiempo. Dice la palabra que rompieron el techo de la casa. Yo no sé tú, pero en este día, Dios te está llamando a romper los techos del temor, la incredulidad, los techos que te han impedido avanzar y correr hacia tu milagro.

Cuatro cosas que tuvieron que romper

La reputación. Qué podía pensar la gente de aquella acción.

El miedo. Aquel riego resultará un accidente más en la vida que aquel paralítico.

Movimientos de Fé

La lógica. Cómo podemos subir e irrumpir por el techo de una casa.

La razón. Si rompemos el techo, él será sanado.

Cuando tu fé está bajo ataque, tienes que hacer una abertura y romper el techo. Dios no trabaja con la lógica, el trabajo con la fé y en la fé se toman riesgos. En este día te reto a tomar riesgos de fé para capturar tu milagro.

Debemos ser determinantes, perseverantes y no echar manos atrás. Nunca debemos abrir el techo hasta ver el milagro. Santiago dice que la fé sin obras es muerta, y estos cuatro hicieron lo posible porque Dios se encargaría de lo imposible.

¿Qué representa el techo?

El momento en que los cielos se abren a tu favor y Dios por tu inrumpimiento se manifiesta a tu favor. Dios camina contigo cuando empiezas a caminar, ve tus obras y tu fé para recibir el milagro. Antes de que algo suceda en la tierra, tiene que suceder en el cielo, pues el cielo se anticipa a tu milagro en la tierra.

Los cuatro debieron haber dicho si no podemos entrar por donde todos entran, rompamos el techo, pues la gente de fé no es gente común, son una raza de guerreros poco común, ellos no caminan por donde todos caminan, ellos son rompedores de techos.

Quiero denotar cinco (5) cosas importantes para cuidar tu fé

1. La iglesia del primer siglo fue sustentada y experimentada en su nivel de fé. Debemos creerle a Dios por encima de lo que diga el sistema.
2. Estamos en la recta final y necesitamos fé para ver el mover de Dios en nuestras vidas.
3. Jesús le dijo a Pedro: *"Satanás a pedido tu cuerpo para zarandearte, pero yo he rogado al Padre para que la fé no te falte, pues Satanás, con los procesos, quiere desgastarte"*.

5. Esta ciudad será llena de su gloria y demanda una generación de fé.
6. La visión es espiritual y todo lo espiritual demanda una gran fé y asignaciones proféticas en momentos específicos.

"Todo tiene su tiempo y todo lo que se quiere debajo del cielo tiene su hora" **(Eclesiastés 3:1)**.

Dios nos quiere sorprender con lo inusual, pero tenemos que aprovechar el momento de cambio. Todo buen momento viene precedido de un mal momento. Por ejemplo, si a David no lo persigue Saúl, no hubiera conocido a sus guerreros en la cueva de Adulam. Si a Jacob no lo persigue la muerte su hermano Esaú, entonces Jacob no hubiera conocido a su esposa Raquel. Toda promesa está vestida de crisis y toda crisis está llena de promesas.

Si no te corren de la compañía, no hubieras puesto tu propia compañía. Si a Moisés no lo llevan al desierto, no hubiera conocido a su esposa. Todo mal momento te lleva a crecer en fé y a algo poderoso de parte de Dios.

llegado a la tierra donde se iba a convertir en un gobernador y padre de Faraón. Todos aquí queremos conquistar, pero para eso tenemos que ir un paso más al frente para tener un espíritu de conquistador. La fé que no te suma, te resta.

"Hubiera yo desmayado, si no creyese que veré la bondad de Jehová en la tierra de los vivientes" **(Salmos 27:13)**.

Capitulo III
La fé sobrenatural

La fé sobrenatural

Quiero enseñarte este día cómo hacer que tu fé explote. Quiero mostrarte cuál es el ingrediente secreto que tiene la fé, qué hace que Dios haga a su favor lo imposible, lo inimaginable, lo insospechado, lo grande, lo extraordinario.

Quiero borrar de tu mente el erróneo concepto de la fé, ese que enseñan las universidades y la filosofía de los hombres naturales, y que me permitas ubicarte en el concepto de fé que Jesucristo nos enseñó y que es la *"dinamita"* que hace explotar, derribar y abrir senderos de esperanza para los hombres que la aceptan.

Déjame en el nombre del Señor, ponerte alas a tu fé, para que puedas hacer realidad y traer lo invisible, lo intocable, lo insensible, al plano de aquello que tú puedas acariciar de una manera literal.

¿Qué hace la fé?

Que agrademos a Dios, porque a él le gusta que nosotros le creamos **(Hebreos 11 v.6)**.

Nos sostiene firmes en las promesas de Dios **(Hebreos 11 v.8)**.

Nos lleva a la obediencia **(Hebreos 11 v.8)**.

Es la que les da valor a nuestras obras **(Santiago 2 v.26)**.

Nos ayuda a pedir y a clamar **(Santiago 1 v.6)**.

La fé para activar los milagros y ser gigantes en las proezas del reino

La fé que produce milagros y que mueve el corazón de Dios, es típicamente la fé que involucra riesgos. Debemos arriesgarnos a creerle a Dios, aunque todas las circunstancias nos digan que es imposible, pues él es el Dios de lo imposible que rompe los límites de la razón. No podemos conformarnos con la condición en que estamos, tenemos que romper con el espíritu de conformismo, debemos ir por encima y más allá hasta que ocurra el milagro.

Quiero revelarles algo y es que la fé es la primera dimensión de lo sobrenatural, todo está conectado a esta dimensión de fé. Hay una diférencia entre creer que lo que Dios puede hacer en otras personas y creer que Dios pueda hacerlo con nosotros.

Así que el poder de Dios manifestado en el ámbito sobrenatural se llama Fé, tú no necesitas dinero para recibir un milagro, tú necesitas la fé. Dios tuvo que impartirle fé a Abraham para que pudiera ver la manifestación de su milagro; la fé es la gasolina, lo que enciende el motor para conectarnos con lo sobrenatural. Dios desató el Dunamis sobre Abraham para que este se fortaleciera, creyera en la promesa y no dudara.

"20. Tampoco dudó, por incredulidad de la promesa de Dios, sino que se fortaleció en fé, dando gloria a Dios. 21. Plenamente convencido de que era también poderoso para hacer todo lo que había prometido" **(Romanos 4 v.20)**.

Dios en estos tiempos nos está fortaleciendo en fé para esperar las promesas que ha prometido para nosotros, pues Dios te va a colmar con su fé para que así como Abraham esperó por un hijo, tú puedas esperar en su palabra y en lo que te ha prometido. Abraham estaba persuadido por Dios para esperar su milagro en el ahora.

Dios quiere hacer con nosotros lo mismo que con Abraham, quiere dinamitarnos en fé, hasta que haya una explosión de lo sobrenatural y estemos listos bajo derecho legal para recibir el milagro.

Tienes que estar plenamente convencido como Abraham, de que Dios es poderoso para cumplir todo lo que ha prometido. Cuando estás convencido, nada te hará retroceder ni dudar en cuanto a tu promesa, pues si salió de la boca de Dios, se cumplirá.

El hombre natural solo puede dudar, no puede creer

El límite de nuestra fé es la incredulidad y el razonamiento, pues la fé no opera en la razón del hombre, opera en lo sobrenatural, pues la fé fue diseñada en la eternidad para la tierra. Luego que Adán peca, Dios le da la fé al hombre para que por medio de esa fé pueda alcanzar la salvación.

¿Qué produce la incredulidad en nosotros?

1. Hace que el Señor se oculte **(Juan 12 v.36)**.
2. Hace nula la fidelidad de Dios **(Romanos 3 v.3)**.
3. Rechaza las promesas de Dios **(Romanos 4 v. 20). (Hebreos 3 v.19)**.
4. Puede provocar el quedar excluido del pacto de Dios **(Romanos 11 v.20)**.
5. Puede hacernos blasfémos, injuriadores de la causa del Evangelio **(1 Timoteo 1 v.13)**.
6. Transforma el corazón en malo y lo aparta de Dios **(Hebreos 3 v.12)**.

Otro enemigo de la fé sobrenatural es la razón, pues tú no puedes entender a Dios con una mente natural; él es sobrenatural y no habita en la dimensión del tiempo, él no es materia. Cuando tú usas la razón en el ámbito espiritual, no funciona porque Dios es experto en romper las leyes del tiempo y de la materia. La Razón nunca trabaja a favor de la fé, pero cuando la razón esté ausente, la fé está presente.

Para poder movernos en lo sobrenatural, debemos ser descodificados de la razón. Si tú le crees más a su razonamiento que a su fé, vivirás estancado y sin movimiento, vivirás en la pobreza y no en la promesa, pues la razón te hablará de su condición actual, la fé te hablará de tu milagro.

Capitulo IV
Los cuatro ingredientes secretos de la fé

Los cuatro ingredientes secretos de la fé

En este capítulo, hablaré de los ingredientes de la fé, pues muchos creyentes viven una vida estancada y sin movimiento. Este es el momento de tomar la decisión de conocer los cuatro ingredientes de la fé, pues un portal nuevo y fresco se abrirá delante de ti, pues hay milagros, sanidades y provisión de todo tipo. Ahora es el momento de decirle al Señor: *"dame una revelación de los ingredientes de la fé"*.

¿Cuáles son los cuatro ingredientes de la fé?

Continuidad. Ninguna persona que ejercita la fé deja de perseverar y de darle continuidad a lo que empieza. La perseverancia es la clave con la que personas de fé empiezan y terminan lo que hacen. La constancia con que se escucha la voz de Dios **(Jeremías 7 v.28). (Salmos 119 v.30)**.

Sin este ingrediente, la fé es vacía, no tiene sustento y las personas que no insisten ni pelean por lo que creen, están condenadas al fracaso. Dios nunca dejará nada inconcluso, pues todo lo que Dios comienza lo termina. Muchas veces el problema no es Dios, tú y yo nos detenemos.

Cuando la promesa no se cumple, no es que Dios se olvidó, es que tú te detuviste a mirar las imposibilidades y los gigantes. Muchos de nosotros hemos comenzado proyectos, negocios y no hemos visto resultados por la falta de continuidad de avanzar en medio de las imposibilidades.

Las personas hablamos de fé, pero pocas hacemos lo que la fé exige que se haga. Es más, ustedes mismos son el resultado de una fé, que los peleó en el mundo espiritual, que los afirmó y que los conectó a este manto.

Movimientos de Fé

Alguien tuvo certidumbre en que tú serías parte de la familia de Dios; es más, alguien creyó aun cuando tú no creías que lo ibas a lograr.

Podemos tener la confianza en Dios, la fé, la certeza, la certidumbre que todo lo que ha prometido en base a su propia naturaleza no cambia; él es el mismo ayer, hoy y por los siglos de los siglos, así que tenemos que darle continuidad a todo lo que el Señor ha prometido.

Hay un espíritu que enfrentamos en la iglesia de Cristo, es el espíritu de postergación, es darle tiempo al tiempo sin asumir responsabilidad. La postergación es un espíritu diabólico que trae atraso y resistencia al plan del eterno en tu vida.

Fidelidad / finalidad. La fé se sustenta en la fidelidad de Dios **(Deuteronomio 32 v.4)**. La fé tiene metas y propósitos. Nadie que no sabe lo que cree y que no tiene un fin específico de lo que espera puede acariciar lo que quiere. La persona que tiene fé, tiene planes y sabe lo que quiere, porque la fé no es ciega. La fé no es presunción ni optimismo, la fé es la fidelidad de Dios revelada al hombre.

La fidelidad es esencial, sin ella no sería Dios. Para Dios, ser infiel sería en contra de su naturaleza, lo cual es imposible porque Dios no puede hacer nada que atente contra él mismo: "Si fuéremos infieles, él permanece fiel. No se puede negar a sí mismo **(2 Timoteo 2 v.13)**. La fidelidad es de las cualidades y parte del carácter de Dios.

La fidelidad es el sello de Dios: *"Oh, Jehová, Dios de los ejércitos,* **¿quién como tú?** *Poderoso eres, Jehová, y tu verdad está en torno de ti"* **(Salmos 89 v.8)**.

Dios nunca olvida su palabra, nunca renuncia a ella. El Señor se ha comprometido a cumplir cada promesa y profécía, cada pacto establecido porque *"Dios no es hombre para que mienta, ni hijo de hombre para que se arrepienta. Él dijo:* **"¿y no lo hará? ¿Y no lo ejecutará?"** **(Números 23 v.19)**.

Por eso la palabra dice: *"Nunca decayeron sus misericordias. Nuevas son cada mañana; grande es tu fidelidad"* **(Lamentaciones 3:22-23)**.

La finalidad es el combustible de la fé, es la que le da la fuerza para tener el impulso y sostenerse en el propósito eterno.

La fidelidad de Dios es veraz. Como Dios es veraz, también lo es su fidelidad. Su palabra de promesa es segura. Dios es fiel con su pueblo. En él, el hombre puede confiar. Nadie ha confiado jamás en Dios en vano, pues Dios siempre tiene una respuesta. Tú necesitas saber que la fidelidad es una parte esencial del carácter divino de Dios.

Este es el fundamento de nuestra confianza es su fidelidad. Una cosa es aceptar la fidelidad de Dios y otra muy distinta es caminar de acuerdo con ella. Dios nos ha dado preciosas y grandísimas promesas, pero **¿contamos realmente con su cumplimiento? ¿Esperamos, en realidad, que haga por nosotros todo lo que ha dicho? ¿Descansamos con seguridad absoluta en las palabras?** *"Fiel es el que prometió"* **(Hebreos 10 v.23)**.

Anticipación. Es la acción y efecto de anticipar o anticiparse **(prever, anteponer, aventajar, adelantar, hacer que algo suceda antes del tiempo esperable)**. En otras palabras, Dios por medio de la fé te adelanta, es posible que lo que ibas a recibir en 10 años, por medio de la anticipación lo recibas en meses, pues Dios siempre se anticipa, pues la fé no es mañana, es ahora. La fé verdadera nunca es sorprendida, siempre se anticipa y ve con largo alcance el futuro. Lo visualiza y produce una profunda convicción de lo que espera. Este elemento es el que le pone ruedas al carro de la fé para que emprenda la marcha hacia metas que no se ven con los ojos naturales, ni resultados que no se perciben con los sentidos sino con los ojos espirituales.

"Por la fé, Abraham, siendo llamado, obedeció para salir al lugar que había de recibir como herencia y salió sin saber a dónde iba. Por la fé, habitó como extranjero en la tierra prometida como en tierra ajena, habitando en tiendas con Isaac y Jacob, coherederos de la misma promesa porque esperaba la ciudad que tiene fundamentos, cuyo arquitecto y constructor es Dios". **(Hebreos 11:8-10)**.

La fé es Dios revelando algo sobre el futuro, no todo, pero algo. Y lo que ha revelado es suficiente para que nosotros lo sepamos. La fé toma un acontecimiento revelado y comienza a vivir en anticipación de ello. Por lo tanto, la fé no es mañana, es ahora; la fé trae al presente

Movimientos de Fé

lo que era para el fututo. En otras palabras, la fé es el presente y el futuro en el ahora.

Abraham tuvo una visión del futuro y pudo vivir por lo que se le reveló. Es más, la Biblia dice que él se gozó por lo que sus ojos pudieron ver en su presente traído del futuro por medio de la fé: *"Abraham, vuestro padre se gozó de que había de ver mi día; y lo vio, y se gozó"* **(Juan 8 v.56)**.

Zaranda. La fé sin obras, sin acción, sin movimiento, está muerta.

La fé de Pedro debió ser probada en la Zaranda, en la prueba, en el estiramiento, en la tentación, en la enfermedad, en el dolor, en el sufrimiento. Satanás pide la vida de los hijos de Dios para *"zarandearlos"* porque es esto lo que hace que la fé se active y haga explotar ante la misma cara del adversario la bomba que lo vencerá.

Dios no necesita convencerse de lo que hará contigo, pero para recibir lo que se soltó en la eternidad, tu fé será probada para verificar si esa fé califica. La fé es la misma para todo, pero es necesario reconocer que la fé se mueve en niveles, niveles de fé… **(Leer Romanos 1 v.17)** Lo justo de Dios no se revela a la mente, se entiende por revelación.

Es posible que la fé que le sirvió para algo ayer, ya haya expirado y hoy necesita un nuevo nivel de fé. Cada milagro te va a demandar un nivel de fé diférente **(Lucas 17 v.5)**.

Antes de tu fé ser aumentada, primero debe ser probada. La gente quiere aumento en todo, pero no quieren ser probados **(Leer Santiago 1 v.3)**.

Si la fé que tú tienes carece de estos elementos, no es fé. Lo que tienes es entusiasmo, que pronto se te acabará. Todo lo que tienes es una fé motivacional, y como la hierba, pronto se marchitará, lo que tienes no producirá resultados tangibles porque el detonador de la fé no tiene los ingredientes exactos que el Señor demanda para operar los milagros, proezas y maravillas.

Capitulo V
Recibe tu milagro

Recibe tu milagro

Dios no se mueve en el tiempo, él habita la eternidad, no la visita, él habita la eternidad, vive ahí, se mueve desde ahí **(Isaías 57 v.15)**. *"Porque así dijo el alto y sublime, el que habita la eternidad y cuyo nombre es el Santo"*. La fé es algo simple, pero el enemigo trata de complicarlo para paralizar lo que Dios soltó. Hay un nivel de fé con la capacidad de desatar los milagros en el ámbito creativo **(Lucas 17 v.20)**.

En la eternidad está incluido el pasado, el presente y el futuro. En la eternidad todo es presente, todo es ahora, es un todo incluido, todo está completo, todo fue, es y será y seguirá siendo… **(Hebreos 13 v.8)**. *"Jesucristo es el mismo ayer, y hoy, y por los siglos"* **(Leer también Apocalipsis 4 V.8)**. Dios hoy aún sigue haciendo milagros.

¿Qué es lo que mueve a Dios? No es la necesidad, es la confésion de fé.

¿Qué es un milagro? Es el resultado sobrenatural que se produce por la fé. También es una interrupción de Dios en el curso natural de la vida. Los milagros son visibles, instantáneos y suceden de repente **(2 Corintios 12 v.12)**.

Un milagro de Jesús es más valioso que todo el conocimiento teológico y práctico, pues los milagros sacan a la realidad del ahora, un Cristo histórico, simplemente plasmado en hojas de papel. Los milagros son lo que dan veracidad al reino de Dios, son las evidencias de un Cristo resucitado.

¿Qué hace la fé?

La fé es algo que se espera, y eso que se espera, no se ve. Es decir, hay una convicción interna sobrenatural de que lo que deseo, viene

Movimientos de Fé

en camino, y eso que deseo lo puedo ver claramente, no con mis ojos naturales, sino con los ojos del espíritu. Por lo tanto, lo que está en mi espíritu, es una visión. Esta es la sustancia.

¿Cómo activamos los milagros?

1. Confesando

El Señor Jesús preguntaba a aquellos que solicitaban de él algún favor… **¿Qué quieres que te haga?** El insistía que ellos declararan con la palabra hablada el milagro y entonces eso generaba la sustancia **(la fé)** y al mismo tiempo lo que se cree débilmente, cuando se declara, se fortalece. **(2 Corintios 4 v.13.).** Sin embargo, tenemos el mismo espíritu de fé, conforme a lo que está escrito: Creí; por lo tanto, hablé. Nosotros también creemos, por lo tanto, también hablamos. Tenemos que confesar nuestra necesidad para que el milagro sea hecho. Tu nivel de confesión determinará la respuesta de tu milagro. No es la descripción de una situación dolorosa la que mueve la mano de Dios, es una confesión llena de fé. La sanidad del sordomudo.

*"Y se lo trajeron; y cuando el espíritu vio a Jesús, sacudió con violencia al muchacho, quien cayendo en tierra se revolcaba, echando espumarajos.21. Jesús preguntó al Padre: **¿Cuánto tiempo hace que le sucede esto?** Y él dijo: Desde niño. 22. Y muchas veces le echa en el fuego y en el agua para matarle, pero si puedes hacer algo, ten misericordia de nosotros y ayúdanos. 23. Jesús le dijo: Si puedes creer, al que cree todo le es posible. 24. E inmediatamente el padre del muchacho clamó y dijo: Creo; ayuda mi incredulidad. 25. Y cuando Jesús vio que la multitud se agolpaba, reprendió al espíritu inmundo, diciéndole: Espíritu mudo y sordo, yo te mando, sal de él, y no entres más en él".* **(Marcos 9:20-30).**

La confesión no es solo hablar de la necesidad maximizando el problema, es creer que el hacedor de milagros lo hará por medio de la fé.

2. Flexibilidad

Puedes morirte con tu necesidad sino cambias de actitud o disponibilidad. Tienes que estar dispuesto a seguirlo y permanecer con la mente abierta para la enseñanza. No te conformes con el milagro, conviértete en discípulo. No te quedes con el milagro, quédate con el hacedor de los milagros.

La palabra de Dios dice **(Lucas 18 v.27)**. Él **(Jesús)** les dijo: Lo que es imposible para los hombres, es posible para Dios. Y agrega: **(Lucas 1 v.37)** Porque nada hay imposible para Dios.

Los milagros de Dios no tienen precio, son por fé y por gracia; la única moneda de intercambio para tu milagro es la moneda de la fé, pues el reino de Dios solo reconoce esta moneda.

Una gran parte de su vida y de su tiempo, Jesús la dedicó a hacer milagros. Los Evangelios consagran un amplio espacio a ellos. En San Marcos, por ejemplo, de los 489 versículos que cuentan su vida pública, casi la mitad son narraciones de milagros. Al parecer, los milagros formaron parte del ministerio de Jesús. Hoy día, las iglesias han sustituido los milagros por la ciencia y predican un cristo histórico sin vida.

Por eso, estos tres Evangelios para decir *"milagro"*, emplean el término griego *"dunamis"* que significa *"hecho de poder"*, *"acto poderoso"*, porque lo que Jesús hacía, con sus milagros, era mostrar lo sobrenatural de Dios.

3. Por compasión de la gente

La compasión es un sentimiento esencial de Jesucristo. La palabra compasión significa *"sufrir juntos"* y es un sentimiento que se manifiesta al percibir y comprender el sufrimiento de los demás. Por lo tanto, produce el deseo de aliviar, reducir o eliminar este sufrimiento. Muchas personas están sufriendo por diferentes circunstancias. La tendencia natural y tristemente común, incluso en muchos de aquellos que se dicen cristianos, es juzgar a los demás. Es fácil amar a los que nos aman y preocuparnos por aquellos que son cercanos a nosotros, pero una marca central de Jesús para operar en milagros fue la compasión por todos sin importar quienes eran.

Para finalizar, traemos estos versículos de la Biblia que dan testimonio del poder sobrenatural de Dios. Confiemos con fé en su poder:

Movimientos de Fé

Éxodo 14 v.16 (Pdt). Ahora tú, levanta tu bastón, extiende el brazo sobre el mar y pártelo en dos para que los israelitas puedan cruzarlo sobre suelo seco.

2 Reyes 4 V.41 (Dhh. Pero Eliseo ordenó: —tráiganme un poco de harina. Y echando la harina dentro de la olla, ordenó: —¡ahora sírvanle de comer a la gente! Y la gente comió, y ya no había nada malo en la olla.

Hebreos 11:29-30. (Rva 2015. 29. Por la fé, ellos pasaron por el mar rojo como por tierra seca; pero cuando lo intentaron los egipcios, fueron anegados. 30. Por la fé cayeron los muros de Jericó, después de ser rodeados por siete días.

Marcos 7:37 (Ntv). Quedaron completamente asombrados y decían una y otra vez: —Todo lo que él hace es maravilloso. Hasta hace oír a los sordos y da la capacidad de hablar al que no puede hacerlo.

Marcos 9:23 (Dhh). 23. Jesús le dijo: —**¿cómo que "si puedes"?**

¡Todo es posible para el que cree!

Capitulo VI
Fé para mover montañas y ver cosas mayores

Riquelbi Santiago

Fé para mover montañas y ver cosas mayores

"Entonces el Señor dijo: Si tuvierais fé como un grano de mostaza, diríais a este sicómoro. Desarráigate y plántate en el mar. Y os obedecería".

(Mateo 17 v.20).

"Respondiendo, Jesús les dijo: En verdad os digo que si tenéis fé y no dudáis, no solo haréis lo de la higuera, sino que aun si decís a este monte: Quítate y échate al mar, así sucederá".

(Mateo 21 v.21).

Introducción

Dios está trayendo a su iglesia tiempos de esperanza y nuevos desafíos. Siempre que Dios te traiga una promesa, habrá una demanda de fé mayor para creer. Cada etapa de la vida va a exigir una mayor demanda, así que la única razón bíblica para fracasar es la incredulidad. Tú no puedes dudar y creer al mismo tiempo.

Si algo Dios hará en este día, es preñarte con una palabra profética por naturaleza. El Espíritu del Señor nos está ministrando en este tiempo para ver cosas imposibles. Recuerda: es muy probable que lo que sea difícil e imposible para ti, para Dios es posible.

Así que la dimensión sobrenatural es un ámbito eterno, invisible y permanente. En la eternidad de Dios, las cosas no cambian, son eternas, por eso la Biblia dice que él es el mismo ayer, hoy y por los siglos. En la eternidad, las imposibilidades no existen. Todas las cosas están completas en la eternidad, donde solo se puede acceder a ese ámbito por medio de la fé.

Así que la fé es la distancia de lo invisible a lo visible. La fé opera con la imaginación del hombre, todo lo que tú comiences a crear en tu mente, se volverá materia en su boca, todo lo invisible será visible, la fé percibe como un hecho real, aquello que ha sido revelado en tu mente.

Tu pregunta sería: **¿todos los cristianos tienen fé?** Sí, pero en diferentes medidas. La palabra confirma que todos los creyentes tienen fé, pero no todos tenemos las mismas medidas. Dios llevará a un nivel de fé mayor a aquellos que hayan creído en cosas mayores y lo empujará a un nivel de fé mayor.

¿Qué es la fé?

La fé es la palabra hebrea *"Emuna" que significa firmeza, seguridad, fidelidad, reino, veracidad, honradez, lealtad. Así que la fé es la misma naturaleza de Dios desatada en los hombres, pero en este día yo desato el "Emuna" de Dios para que tengas firmeza de mirar lo imposible, levantarte donde otros se caen; Dios desata fé para creer y el que lo cree dice recibo el "Emuna" en este día.*

Así que la fé es la garantía, la confirmación, el título de propiedad de las cosas que esperamos, es la convicción. La fé percibe como un hecho real lo que no está manifestado por ejemplo: no tienes el dinero para ver la casa que fuiste a ver, pero ya es tuya; el carro que viste, no lo tienes, pero ya es tuyo. La fé percibe lo que es tuyo antes de poseerlo, si tienes fé tienes la garantía de que es tuyo.

¿Qué es una medida de fé?

Una medida de fé es la esféra de influencia donde tú pones tu fé a producir. En el mundo espiritual, todo opera en niveles de autoridad, así que tu autoridad está ligada a tu fé.

Jesús, en **Mateo 11 v.23** está desafiando la fé de los discípulos, para ver cosas mayores y enseñarles que por medio de la fé ellos iban a ver cosas imposibles. Aquí, él les dice:

"En verdad os digo que cualquiera que diga a este monte: Quítate y arrójate al mar, y no dude en su corazón, sino crea que lo que dice va a suceder, le será concedido". **(Marcos 11 v.23).**

Yo quiero hablarles a aquellos hijos que van para una nueva dimensión de fé, gente que va a decirle al monte: *"muévete"*. *En esta noche, yo te reto a que le digas a ese monte "muévete"*. Los montes representan oposición, batallas, son una barrera que te impide recibir lo que Dios te ha prometido.

Los montes son las imposibilidades en el camino. Imagínate, es ilógico en lo natural que tú le digas a un monte *"muévete"* y este se mueva, por eso tu fé está ligada a tu autoridad; todo lo que hay en la tierra está sometida a la autoridad del hombre. Cuando el hombre cae en el huerto pierde su nivel de autoridad; en el huerto no se necesitaba la fé, allí, Adán opera en la autoridad que Dios le delegó, pero cuando el hombre peca, necesita esa autoridad y la obtiene por medio de la fé. Hay una montaña financiera que hoy se va a mover: en tu familia, ministerio, matrimonio, empresa, trabajo. Yo profétizo que toda montaña de problemas hoy es hecha al mar.

Por ello, existen tres tipos de fé:

1. La fé para salvación.
2. La fé para recibir un milagro.
3. La fé para producir milagros.

Así que la fé no es muerta, es activa. La fé siempre está en movimiento. La fé nunca se detiene, ella siempre está produciendo algo que tú necesitas. Muchos de ustedes están esperando cosas y no la han recibo, el problema es que tú te detuviste, pero la fé siguió trabajando sola.

Pero yo declaro que Dios activa la fé de los hijos de esta casa, para ver donde otros no ven; tú no vas a morir sin tu herencia, mucho menos sin un territorio, así que la unción y la fé que estuvo sobre Caleb, hoy se desata sobre ti. El que quiera gritar, ¡que grite fuerte!

¿Dónde necesitamos creer primero?

En el corazón. La Biblia dice que con el corazón se crea justicia. Así que todo lo que es justo tienes que creerlo en el corazón. Tú no puedes creer en la mente, tienes que creer en el corazón. Todo lo que entra en la mente, lo toma el razonamiento y lo estanca. La fé

Movimientos de Fé

es distinta, ella está navegando en lo invisible, en el área donde la materia no existe, la fé está cimentada en el corazón, así que todo lo que está en lo invisible, por medio de tu fé, se vuelve materia.

La fé está haciendo materia: tu visa, tu carro, tu casa, la beca que necesitas. Así que lo que estaba en la eternidad, tú lo trajiste a la tierra por medio de la fé. Alguien estaba esperando un dinero, estaba en lo invisible, pero su fé en ese momento estaba produciendo un milagro y lo manifestó en la tierra…

"No te quedes sentado esperando a que la montaña te hable, háblale tú a la montaña".

Muchas personas están mirando la montaña y escuchan las voces de esta. La montaña no está diseñada para hablarte, pero tú estás diseñado para mover la montaña; así que estás llamado a creer lo que va a suceder.

Tal vez la montaña que estás experimentando es un matrimonio que no está funcionando; tal vez es una financiera, estás endeudado; o tal vez es un problema de salud, el médico no te dio una buena noticia. Pero cualquiera que sea tu montaña, esa montaña se tiene que mover, si tienes la fé aquí y ahora.

Muchas veces lloramos la montaña, oramos la montaña, pero necesitamos estar haciendo lo que Jesús dijo:

"Porque de cierto os digo que cualquiera que dijere a este monte: Quítate y échate en el mar, y no dudare en su corazón, sino creyere que será hecho lo que dice, lo que diga le será hecho". **(Marcos 11 v.23).**

En este versículo, está tres veces el verbo *"decir"*. Cuando hay una misma frase en una porción corta de las escrituras, es porque Dios quería hacer un énfasis especial. En un solo versículo, Jesús nos dio la llave, la clave para que se mueva la montaña: *"hablarle"*. Lo que tienes que estar haciendo con la montaña es ordenándole.

Deberías estar diciendo *"te vas, temor, no tienes autoridad para estar aquí".* A la enfermedad: *"te vas de mi cuerpo en el nombre de Jesús".* Deberíamos estar ejerciendo autoridad sobre las cosas que Jesús nos dijo que le ejerciéramos. No me puedes decir que eres una persona con fé para mover montañas, pero eres mudo.

Cuando hablas de fé sobre tu situación o problema, entonces tú aparentemente no ves nada, pero hay un reino invisible, lo hecho fue hecho de lo que no vemos, creemos que no existe un reino invisible, pero este reino es muy movido; cuando hablas la palabra de Dios, dando órdenes a esa montaña, todo el reino de Dios comienza a ponerse a tu favor, comienzan a ordenarse para que tú cumplas tu propósito divino.

El reino de Dios se mueve a favor de aquellos que hablan como él. Dios se mueve cuando te ve en posición de fé. Tú no vas solo, vas en la autoridad del hijo de Dios, el poder de Jesús te respalda, su sangre, todo el reino de Dios se pone a tu favor para respaldarte, el diablo comienza a temblar.

¿Cuánto tiempo pasará?

No sé, pero si te puedo decir que se moverá y se echará al fondo del mar.

Cuando hablas a la montaña, aparentemente no está pasando nada, pero todo el reino espiritual se está alineando. La palabra de Dios en la boca de Dios tiene la misma autoridad de la palabra de Dios en tu boca. Sí va a funcionar, porque cuando Jesús habla, el problema es atacado de raíz. Si tú no le hablas a la montaña, ella te hablará a ti, en la mañana, en la noche, en sueños; ella no se va a quedar callada y cada vez se hace más grande. Deja de estar contando a todo el mundo de tu montaña, háblale a la montaña, ordénale que se quite, que se vaya.

Los ángeles de Dios están peleando a tu favor. Hay un tiempo para orar, pero hay un tiempo para hablarle a la montaña. Decreta, ordena, y esa montaña se tiene que mover. Teniendo fé para mover montañas. La única voz que tu montaña reconoce es la tuya. Ella no se mueve con mi voz sino con tu voz. Todos nuestros problemas están relacionados a la dimensión natural, así que tu rompimiento vendrá cuando comencemos a operar a través de la fé.

Movimientos de Fé

No conforméis a este siglo, si no transformaos por medio de la renovación de nuestro entendimiento **(Romanos 12 v.2)**. Todo aquello a lo que tú te conformas, va a venir a ser tu realidad.

Hay personas que se conformaron a la miseria, la enfermedad, el rechazo, la depresión, pero yo te reto en este día para que venzas las imposibilidades, a que actives tu fé para sanidades, milagros; nada hay imposible para Dios, él es Dios de lo imposible; Dios te da una fé para vencer.

¡Cuando la fé toca las cosas, estas no se ven, porque es una convicción que se espera, es algo que está por pasar!

Así que la fé es alimentada de lo imposible, siempre que vienen imposibilidades entramos a nuevas dimensiones de fé, nuestra naturaleza es tener fé por lo imposible.

Humanamente, Abraham no tenía la fé que necesitaba para esperar la promesa; tampoco tenía las habilidades físicas para esa promesa. Dios tuvo que impartirle la fé por lo imposible. **Romanos 4 V.21** dice:

"Abraham plenamente convencido de que era también poderoso para hacer todo lo que había prometido".

Tú no puedes estar dudando y creyendo al mismo tiempo; la fé es convicción.

Quizás a Abraham le dijeron: *"eres ya viejo, es imposible a esa edad engendrar, olvídate de tal locura, Abraham, tu esposa también es anciana". Por eso, cuando tú cargas una palabra de Dios, nada ni nadie podrá detenerte, tú no lo crees imposible, tú le crees al Dios que te dio la palabra; él es poderoso para cumplir en tu vida, mucho más abundantemente de lo que pedimos o entendemos. Sí, alguien puede gritar y decir "Mi Dios está produciendo un milagro para mí".*

Siempre que Dios va hacer un milagro contigo crea primero la adversidad para activarte la fé; la Biblia dice en Isaías: *"yo, Jehová, soy el que crea todo esto, creo la luz y creo las tinieblas, la paz y la adversidad".* Hay una crisis que Dios formó para que tus enemigos puedan ver que el Dios tuyo hace contigo lo que no puede hacer con ellos. Tu proceso te está definiendo para tu milagro.

"Por la fé también la misma será; siendo estéril, recibió fuerzas para concebir y dio a luz fuera del tiempo de la edad, porque creyó que era fiel quien lo había prometido". **(Hebreos 11 v.11)**.

Yo profétizo en este día que Dios te dará espíritu de fuerza para concebir tus finanzas, tu familia, el negocio, la paz de tus hijos, pagar el préstamo. Alguien puede gritar fuerte aquí.

Capitulo VII
La megafé acelerada

La megafé acelerada

(Hebreos 11 v.1)

La palabra fé, en este versículo, es traducida del vocablo griego *"Pistis" que significa entre otras cosas, creencias, convicción moral, seguridad*. *"Pistis"* es persuadir, tener confianza, estás persuadido en plenitud total.

Mega. Significa grande, enorme, abundante. Causa que el oyente se maraville. Todo lo mega supera en tamaño y en dimensiones. **¿Por qué la fé mega?** Pues ya no podemos vivir con la fé semilla de mostaza. La fé semilla de mostaza es la fé inicial de la vida cristiana, así que, si tú quieres cambiar y aumentar su fé, tendrá que dar semillas grandes. Dios está pidiendo al remanente, que haga cosas grandes.

El huracán no solo viene a destruir, viene a revelar de qué material estaba construida una estructura. Viene un movimiento y todo lo que no esté en el reino, se va a caer. Todo debe estar bajo decreto.

La fé está creciendo hasta estar unida **(Efésios 4 v.13)**

Una fé dividida no está completa. Una fé dividida es una mezcla de cosas. Es importante definir tu fé, pues donde está tu fé, ahí está tu herencia, tu bendición, tu rompimiento.

Así como existe una megafé, existe una megaincredulidad. Jesús se sorprendió de la megaincredulidad **(Marcos 6 v.1-6)**. Si no defines tu fé, el infierno lo hará por ti.

Cuando tu fé no cambia, entonces viene un atraso en el mundo espiritual, es cuando el tiempo se paraliza. El tiempo es para la tierra, la fé es para lo eterno. La eternidad es donde todo es, todo se mueve en el ahora, en un presente eterno, todo está completo, perfécto, acabado, realizado, todo es principio y fin, nada incompleto. Hoy tenemos personas operando con la fé de hace 20 años, no saben que lo que viene es más grande y deben subir y aumentar su metrón de fé. Dios visita tu futuro, en el ahora y rompe maldiciones antes de que se manifiesten hay decretos demoniacos anulados, no llegarán a ti.

Siempre que su fé es megafé, el futuro es ahora

Muchas veces tú escuchas la palabra profética, pero razona, procesa, analiza y eventualmente, cree. Luego, es demasiado tarde, pues tu fé fue reducida, retraída, drenada por una mente caída y razonante.

Siempre que tú te mueves en el ámbito espiritual, nunca hay una evidencia tangible, ni natural, la fé opera por discernimiento espiritual, no necesita lógica. La fé es presente y futuro.

¿Qué es una fé consumada? (Leer Hebreos 12 v.2)

Es una fé completa, terminada, plena, absoluta. En Jesús, ya todo está consumado, está hecho, completo, realizado, consumado. Hoy, tu fé está siendo procesada y subiendo a una nueva dimensión y una nueva plenitud.

Cuando tu fé se termine, activa la fé de Dios

Dios siempre está creyendo **(Leer Marcos 11 v.22)**. La traducción original es que tengan la fé de Dios, actúen como él actúa, muévanse en él. Todo lo que tú quieras obtener sin fé, en algún momento le vendrá desilusión, cansancio y desesperanza. Hoy en día, hay personas que están esperando en la carne, por eso se desesperarán y abortarán todo.

Cuídate del vientre de alquiler, no te desesperes **(Génesis 16 v.1-4)**

Cuando la fé se te va, tus decisiones siempre son incorrectas. Saraí: significa mujer Dominante. Dios cambió el nombre. Agar: esclava, egipcia y concubina de Abraham. Ten cuidado cuando te llega un Agar, hay gente que Dios envía a la casa apostólica en momentos específicos para probar tu fé. A veces la esclava sabe fingir bien, pero no es lo real.

Cuando se va la fé, muchas veces se nos olvida el propósito para lo que Dios nos envió, algún asunto y no le damos el uso correcto. Saraí no discernió el tiempo y quiso adelantarse a los proyectos de Dios. Ismael nunca estuvo en los planes de Dios, no era hijo de promesa, era hijo de una aventura del alma. Ismael no tenía pacto, era el primogénito de Saraí y Abraham, pero no era el primogénito de Dios.

Poner una esperma en un vientre Agar, puede resultar ser un gran peligro. La gente con mente de esclavo solo piensa como esclavo, y cuando Dios los bendice, se enorgullecen y usan la bendición para maltratar, no para edificar. Agar se le olvidó que si estaba embarazada era por la cobertura de Saraí y un esperma que estaba bendecido en Abraham. Nunca se te olvide de donde salió el esperma profético.

Así que le fé solo puede ser activada cuando operamos desde una posición de justicia, aunque Dios nos ha dado una medida de fé **(Romanos 12:3-6)**. Necesitamos estar parados en una posición de justicia.

Tú puedes tener una megafé, pero si no operas desde una posición de justicia, su oración no será contestada y no será efectiva. Así que sin la justicia, su fé se vuelve insípida e inoperante.

Vivimos los últimos tiempos, los desafíos y retos son mayores que antes. Los problemas y la guerra han aumentado por lo que se requiere una fé mayor. Necesitamos la fé del ahora para poder ir por encima de los pronósticos negativos de esta era. Lo que vivimos es una aceleración de los tiempos, por tal razón, necesitamos una fé grande, no semilla de mostaza. Cuando la gente deja de operar en fé, entonces empiezan a manejarse en la carne y en constante razonamiento, caminando hacia una muerte espiritual.

Cuando tú pierdes la fé, pierdes lo sobrenatural. Cuando no hay fé, la gente empieza a actuar en autolastima. Recuerda que en toda situación, su fé debe ser más grande que su crisis. Cuando tú no operas en fé, reduces a Dios a la categoría de un hombre común y corriente.

Hoy existe un gran espíritu de miedo del que debemos ser libres si queremos ir por encima y más allá de esta temporada. La gente tiene miedo porque no están llenos de fé. Si tienes miedo, significa que no estás lleno de fé. Cuando la fé entra, el temor sale; y cuando el temor sale, la fé entra. La única solución para el miedo es la liberación. ¡Levanta tus manos y renunciemos al espíritu de miedo!

Movimientos de Fé

¿Qué es una fé semilla de mostaza? (Leer Mateo 13 v.31-32)

Fíjate que la semilla de mostaza, creció. **(Ahora leer Mateo 17 v.20)** Semilla de mostaza es la fé inicial, es con la que todos iniciamos en el Señor, pero no terminamos con esa medida, pues la fé debe aumentar, crecer **(Leer Lucas 17 v.5)**. Muchos se han quedado con una fé enana, reducida, retraída.

En este tiempo, las personas que no quieran cambiar, se pondrán peor, pues todo va en plenitud hacia lo que tú has determinado: ser y creer. Nadie te obligará a cambiar, pero tú serás el resultado de tus decisiones. Leamos:

"El que es injusto, sea injusto todavía; y el que es inmundo, sea inmundo todavía; y el que es justo, practique la justicia todavía; y el que es santo, santifíquese todavía". **(Apocalipsis 22 v.11).**

Todo lo que viene es mega

Megatemplos. Megaliberación. Megafinanzas. Megaedificios. Megamilagros. Megaofrendas. Megasemillas. Megadiezmos. Megaadoración. Megaalabanza. Megacosechas. Megacasas de paz. Megadiscipulados. Megaeventos.

Tú podrás sorprender a Jesús, por el nivel de fé, o por el nivel de incredulidad. La megafé hace que Jesús se maraville, pero existe además una megaincredulidad que debe ser discernida, arrancada y anulada. En su ministerio, Jesús alabó la fé de dos personas: el centurión romano y la mujer sirofénicia. Fíjate que ninguno de ellos era judío, eran gentiles, pero no se familiarizaron con la unción, ellos aumentaron a una megafé de la que Jesús se maravilló.

El centurión romano **(Mateo 8 v.10)**. La sorpresa de Jesús es que este hombre tenía un nivel de fé que ni en sus discípulos había visto.

Sorprendido de la incredulidad **(Marcos 6 v. 1-6)**. Hay personas que Dios envía para ayudarte a cambiar, pero tú no lo disciernes y pierdes todo. El enemigo solo te hace ver la debilidad del líder o mentor, pero siempre debes discernir lo que carga tu padre.

Mujer sirofénicia **(Mateo 15 v.28)**. Era gentil, no era israelita. No tenía derecho de pedir sanidad, pero su megafé la hizo ser alabada por Jesús.

Grande: mega, es tu fé…

Capitulo VIII
Camine por fé, no por vista

Camine por fé, no por vista

(2 corintios 5 v.7)

Quiero establecer que la fé es un caminar con Dios en el ahora. Hay personas que caminan bajo un optimismo, esperando que algo suceda o no, y viven bajo el espíritu del conformismo. Por eso gran parte del pueblo de Dios vive enférmo, en crisis financiera; estamos conformados con esa mentalidad. Esta actitud revela la falta de expectativa y donde no hay expectación, no existe la fé.

Lo natural de la vista representa la forma en que vemos el entorno y las limitaciones de nuestro ambiente, las dificultades, los obstáculos, las enférmedades, la escasez, todo esto es totalmente opuesto a una mentalidad de fé. Cuando caminos por fé, como dice el texto sagrado, y no por vista, estamos llamando las cosas que no son a la existencia.

"Como está escrito: te he puesto por padre de muchas personas delante de Dios, a quien creyó, el cual da vida a los muertos, y llama las cosas que no son, como si fuesen".

(Romanos 4 v.17).

La primera parte de este versículo se está refiriendo a Abraham, quién recibió una promesa de parte de Dios y el cumplimiento de esa promesa. Génesis:

Comentario Serie Douglas J. Moo, comenta al respecto de este versículo:

A la luz de **(4: 18-20)**. Esta frase casi alude al milagro por el cual Dios sacó vida de la matriz *"muerta"* **(v.19)** *de Sara. Pero lo que Pablo quiere decir al describir a Dios como el que "llama a las cosas que no son como si fueran" no está tan claro. Ya que el verbo "llamar"* **(kaleo)** *se* *puede usar para representar la actividad creativa de Dios* (**Isaías 41: 4 y 48:13**). *Pablo puede estar refiriéndose a la capacidad de Dios para crear algo de la nada, como lo ha hecho al crear fé entre los gentiles. Pero el verbo más probable significa aquí simplemente "nombrar, hablar".* Pablo está describiendo desde otro ángulo el milagro que Dios hizo al traer hijos a Abraham y Sara. Incluso antes de tener hijos, Dios habló de las *"muchas naciones"* que vendrían de ellos como si ya existieran. En otras palabras, Dios puede cambiar las circunstancias cuando caminamos con él.

Dios trae al presente de Abraham una visión de su futuro, pues es Dios quien llama las cosas que no son como si fuesen; Dios llamó a la existencia a Isaac cuando la matriz estaba seca y estéril, por eso cuando caminamos con Dios, él nos activa su fé (**Romanos 12 v.3**).

Así que el primero en llamar las cosas como no son, es Dios: ya ve el milagro hecho antes de que suceda, esto es consolador. Tú y yo podemos hacer esta declaración, no sustituyendo la posición de Dios sino más bien afirmando lo que ya Dios dijo en su eternidad.

Así que ahora mismo, decida caminar en fé por encima de la gente, los obstáculos y di *"yo voy a caminar con Dios"*.

Abraham caminó por fé, pero Lot, caminó por vista

Abraham caminó bajo una promesa de multiplicación, pero Lot era sobrino de Abraham y recibió de la bendición que esta carga. Dios le dice a Abraham: *"sal de tu tierra y tu parentela, a la tierra que yo te mostraré"*, y el viejo Abraham decide cargar con un sobrino que se llama Lot (**Génesis 12:4-5**): 4. "Y se fue Abraham, como Jehová le dijo; y Lot fue con él. Y era Abraham, de edad de setenta y cinco años cuando salió de Harán. 5. Tomó, pues, Abraham a Saraí, su mujer, y a Lot, hijo de su hermano, y todos sus bienes que habían ganado y las personas que habían adquirido en Harán, y salieron para ir a tierra de Canaán; y a tierra de Canaán llegaron.

Tenemos que entender algo y es que la gente de fé camina con gente de fé. Abraham decide caminar con Lot, pero Lot no decidió caminar con él, pues a Lot no se le reveló nada. Por eso, cuando cargas un sueño de Dios, Dios quiere caminar contigo, pues la gente que no apoya tu visión terminará estancando tu fé y tu llamado.

Lot miraba la Tierra, Abraham mira la promesa, pues los hijos bajo el espíritu de Lot, ello solo ven los beneficios no el diseño; estos no imitan tu fé, ellos solo reciben los beneficios de esa fé, pero a Lot se le olvidó un principio y es que todo lo que no es alineado a la fé, está sujeto a cambio.

Abraham caminaba de acuerdo a la confianza que produce la fé. Lot camina a la confianza que él veía en la Tierra, pues anda por vista, no por fé. Lot tuvo un encuentro con los beneficios de la fé, pero no tuvo un encuentro con Dios; para Abraham, lo más importante no era cumplir su ambición personal, era cumplir el sueño de Dios.

Cuando caminas en fé, puedes dejar tu tierra, tu parentela y caminar en la tierra que Dios ha prometido para ti; tienes que romper las relaciones almáticas que producen duda, temor, ambición y distracción en el propósito.

Aprende esto: tienes que llenarte de fé, la gente negativa quema tu fé, la desgastan, traen procesos innecesarios a tu vida. Lot trajo procesos en la vida de Abraham innecesarios que pudo habérselos ahorrado si lo hubiera dejado en Harán. Los Lot solo miran las llanuras, los lugares fáciles que no hay que trabajarlos, ellos nunca vivirán por fé.

"Cuando andas por fé y no por vista, tienes el derecho legal de cambiar tu realidad".

Tu realidad no es tu verdad, una cosa es la realidad que estás viviendo hoy, y otra cosa es tu verdad; tu verdad está conectada a lo que Dios dijo de ti desde la eternidad; tu realidad puede ser algo que estés experimentando con el objetivo de desarrollar tu fé

Dios te habla de lo que el ya vio y creó en su diseño futuro

Dios habita en una eternidad presente y le dice a Moisés: *"pégale a la roca"* y le dio agua al pueblo, esa roca era Cristo, pero en la segunda temporada, ya Dios, el eterno, no quería que Moisés le volviera a pegar a la roca, ahora le dijo: "háblale a la roca". En otras palabras, pídele agua y te dará agua, pero Moisés se quedó con el diseño viejo y eso le provocó que no entrara a la tierra prometida. Cuando caminas en

Movimientos de Fé

diseños y patrones que ya han caducado en el mundo espiritual, tu fé se vuelve insípida para ver la promesa, hay diseños viejos que no te dejarán entrar a tu herencia.

Debemos aprender a vivir no por lo que vemos sino por lo que oímos, el no operar en la vista opera en el oír, por eso en lo profético, tú no ves, tú escuchas. Dios está más interesado en que escuches que en que veas.

La vista nos distrae del propósito eterno. Muchos caminamos como Tomas, el discípulo teniendo que ver para creer; en la fé creemos primero y luego vemos. Yo te invito a que tomes una decisión de andar por fé y no por vista. Recuerda algo: puede ser tu realidad, pero no tu verdad.

Capitulo IX
Fé que rompe los límites

Movimientos de Fé

Fé que rompe los límites

Quiero comenzar este capítulo estableciendo que la fé materializa los sueños. Cuando tú recibes una palabra profética en tu espíritu, esta lo impulsará a romper con la postergación y con los límites de su mente. Pues la fé no se acomoda al tiempo, sino que cambia los tiempos y las temporadas.

Para ti no existirá el mañana, pues tu milagro es ahora. Las promesas serán tomadas fácilmente cuando tú comiences a romper los límites de tu mente y entiendas que la aceleración está dentro de ti.

Cada promesa tiene oposición

Cada promesa en la vida tiene oposición y esas oposiciones son vencidas por medio de la fé. La oposición es la señal principal que la promesa es tuya y te pertenece.

¿Dónde empiezan las oposiciones?

En tu mente. Pues si Satanás tomó tu mente, tomó tu destino. Lo primero que el enemigo traerá es duda para que vaciles y no puedas acertar en la promesa.

Los límites más poderosos están en el campo de batalla de la mente, pues la razón es enemiga de la fé; donde hay razonamiento, la fé está estancada y sin movimiento.

Existen varios límites que operan desde la razón

1. La Duda

Constituye un estado de incertidumbre y un límite a la confianza o la creencia en la verdad de un conocimiento; su contrapuesto es la

Movimientos de Fé

certeza. Se produce en el campo de la decisión y la acción, la creencia, la fé, la validez de un conocimiento. Sus efectos son que se suspende una decisión. Cuando la duda se acepta como ignorancia, puede ser fuente de conocimiento por el estudio y la crítica.

¿Qué hace el Señor con la duda?

La reprende, pero la perdona. Como en el caso de Pedro, cuando dudó caminando sobre el agua. Pedro clamó: *"Señor, sálvame"*. El Señor le extendió la mano y le dijo: *"***¿hombre de poca fé, por qué dudaste? (Mateo 14:30-31).**

Hay muchas personas que comienzan caminando en fé, pero cuando ven que las olas están golpeando la barca, o miran las profundidades de las aguas, aunque estén caminando, la duda les mata la fé. El problema no era que Pedro no tenía fé, la tenía, pero tenía poca, pues no había desarrollado una vida de fé.

2. La Incredulidad

Constituye una actitud recurrente de desconfianza a todo: a Dios, a la vida, a las personas y a las cosas. Es una enfermedad, puede ser diabólica. Pues este es un límite de nuestra fé.

3. El temor

Este último es lo contrario a la fé. Podemos decir que es una fé negativa, pues atrae todo lo malo: fracasos, pérdidas, ruinas; eso fue lo que le pasó a Pedro: una vez la duda entró, le abrió puertas de temor y se hundió, y a lo que le temió, se le vino encima.

Para acceder al mundo espiritual, es necesario romper con una serie de estructuras, paradigmas, pues al final de todo eso, solo tiene un objetivo: destruir la fé.

Al ámbito de la fé, solo acceden aquellos que aceptan el desafío de romper las limitaciones impuestas por el sistema en que vivimos, las limitantes que muchos impusieron sobre ti, se necesita la fé que rompe las limitaciones físicas y espirituales.

Riquelbi Santiago

Rompe los límites del rechazo

Cuando estudiamos la vida del Rey David, vemos un joven lleno de limitantes y de un ambiente contrario al que él quería: una vida llena de rechazo, falta de amor paterno y con poca educación, pues él estaba al cuidado de las ovejas de su padre. Cabe destacar que el trabajo de cuidar ovejas era de la gente del burgo, de la gente sin clase social, lo único que David sabía era cuidar las ovejas de su padre.

Somos creados con un propósito especial y nadie es un resultado de la coincidencia, pero el enemigo intentará siempre pararnos y derrotarnos y crear los límites de nuestra fé, trayendo rechazo y un sentido de abandono en nuestras vidas.

Uno de los ataques y límites más eficaces del enemigo en contra de nuestras vidas, es el rechazo. **¿Te han rechazado? ¿Tú has estado viviendo en una situación minada por el rechazo?** Bienvenido al club.

El Rey David sufrió el rechazo toda su vida, pero él pudo superar el rechazo, romper límites de su fé para tomar el trono y alcanzar su destino.

David tuvo que enfrentar tres tipos de rechazo. David fue rechazado desde su infancia por su padre.

"E hizo pasar Isaí siete hijos suyos delante de Samuel; pero Samuel dijo a Isaí: Jehová no ha elegido a estos. 11. Entonces dijo Samuel a Isaí: **¿Son éstos todos tus hijos?** *Y él respondió:*

Queda aún el menor, que apacienta las ovejas. Y dijo Samuel a Isaí: Envía por él, porque no nos sentaremos a la mesa hasta que él venga aquí".

(Samuel 16:10-11).

Muchos de nosotros hemos experimentado este tipo de rechazo y tenemos las limitaciones que nos impusieron nuestros padres. David no era el preférido de la familia, quizás tú tampoco, pero déjame decirte que hasta que tú no llegues como David, nadie se sentará a la mesa. Tú eres el elegido de Dios, no de los hombres; muchos son elegidos por la voluntad humana, no por la voluntad de Dios. Quizás esté en el lugar que menos estima, pero déjame decirte que Dios está preparando el palacio para ti.

Movimientos de Fé

David sufrió rechazo y la limitación de sus hermanos. **(1 Samuel 17:28-30).**

"Y oyéndole hablar, Eliab, su hermano mayor, con aquellos hombres, se encendió en ira contra David y dijo: **¿Para qué has descendido acá? ¿Y a quién has dejado aquellas pocas ovejas en el desierto?** *Yo conozco tu soberbia y la malicia de tu corazón, que para ver la batalla has venido. 29. David respondió:* **¿Qué he hecho yo ahora? ¿No es esto mero hablar?** *30. Y apartándose de él hacia otros, preguntó de igual manera; y le dio el pueblo la misma respuesta de antes".*

David desecha las palabras que trataban de poner un límite a su fé y de menosprecio de su hermano mayor, y seguía pensado en el gigante a derribar. Si algo quiere el enemigo es distraerte y que pierdas el enfoque cuando rompes los límites, tú no escuchas opiniones, te mantienes mirando al blanco.

Mientras mantienes la mente en derribar los límites, el rechazo jamás te va a derribar, pues hay una columna de fé que te sostiene. Como dice la bendita palabra: *"No tenemos lucha contra seres humanos sino contra potestades malignas, demonios y seres invisibles, que pelean en las regiones celestes y que saben el potencial peligro que representas para las tinieblas".*

David enfrentó rechazo y la limitación de su oponente

(1 Samuel 17:42). Y cuando el filisteo miró y vio a David, le tuvo en poco, porque era muchacho, rubio y de hermoso parecer.

David no escucho las voces de temor de su enemigo, él no dejó que el enemigo construyera una pared de rechazo. David rompió con los argumentos de derrota y se levantó con una fé que rompe los límites y le dijo:

"El Señor te entregará hoy en mis manos y yo te derribaré y te cortaré la cabeza. Y daré hoy los cadáveres del ejército de los filisteos a las aves del cielo y a las fieras de la tierra, para que toda la tierra sepa que hay Dios en Israel".

David vio al gigante como una oportunidad para recibir su milagro

Dios le dio la oportunidad a David de matar al gigante, eso le abrió las puertas al palacio, quizás el gigante que te está desafiando es la oportunidad que Dios tiene para que rompas las limitaciones. Dios tiene las maneras de abrirte las puertas, pero tienes que levantarte en fé sabiendo que Dios es más poderoso de lo que entendemos y que él puede darnos mucho más.

Quizás estás luchando con el gigante de escases, la deuda, el temor, el desempleo, el adulterio, el rechazo. Déjame decirte que Dios ha preparado un Goliat para cada uno de nosotros, para entregarnos la victoria por medio de la fé.

"El destino de David no era el cuidar ovejas, tampoco el morir en las manos de Goliat, el destino de David era ser Rey".

Somos la sumatoria de los eventos en nuestra vida tal como lo fue David. El orden de los factores no altera el producto, pero es importante aprender cómo romper las limitaciones y seguir creyendo, sin importar lo que estemos experimentado.

Las barreras y los límites las ponemos nosotros

Los límites y las barreras están para romperse y ser superados. Las limitaciones son oportunidades para desarrollar la fé; tenemos que salir del estado de postración y romper esa barrera de incredulidad miedo y temor.

La Biblia dice que: *"es necesario que el que se acerca a Dios, crea".* Las promesas de Dios se reciben por fé, no por método, ni por palabras repetitivas, se recibe es por fé.

Rompe los límites de tu lepra

Hubo un hombre que tenía una lepra llamado Naamán, era General, y aparentaba ante otros llevar una vida ostentosa y féliz, pero en realidad, escondía dentro de sí una penosa enférmedad llamada lepra. Pues los límites de la arrogancia, la prepotencia y el orgullo, lo habían tomado.

Movimientos de Fé

La Biblia dice que este hombre era muy hermoso, alto, un General sirio, pero solo algunas personas conocían que este hombre era leproso, pero había una mujer allá en la casa de él que conocía al proféta Eliseo.

Esta mujer le dice que allá en Israel hay un hombre que puede orar por él. Este hombre estaba acostumbrado a recibir honores y flores, pero cuando llegó a la casa de Eliseo, él ni siquiera salió.

Esto es un acto que quizás en nuestra cultura pasa por alto, pero para los generales, el no recibirlos tal persona era digna de muerte. Entonces, Eliseo dijo: *"bueno, si este hombre viene enférmo, díganle que se meta al Jordán siete veces".*

"Hay que pagar el precio, hay que romper los límites de la razón para recibir todo lo que deseemos, todo tiene un precio".

Las cosas espirituales también tienen un precio. Naamán de pronto tuvo herido su orgullo y el proféta le retó a romper los límites que le tenía postrado ante tal enférmedad. Hoy en día tenemos gente enférma en la iglesia porque no han roto los límites del orgullo y se mantienen postrados, limitados por la enférmedad, pues hay milagros que el dinero no puede comprar, necesitan de humildad.

Este hombre determinó romper con los límites de reputación de su mente y moverse en fé, comenzó a zambullirse siete veces en el Jordán y la última vez, salió sano.

Para un hombre como él, tan honrado socialmente, no estaba acostumbrado a bañarse en ríos donde hubiera suciedad, pues Dios tiene que romper los límites de tu reputación y llevarte donde tú no quieres que te lleven.

Pero Dios no se interesó en el cargo que humanamente tenía, cuando nos acercamos al Señor, el rompe los límites y todo se hace a su forma.

No podemos limitarnos, hay gente que tiene muy baja autoestima, y es uno de los peores enemigos para muchos cristianos, ven a otros prosperar, ven a otros obtener bendiciones, pero ellos no la reciben, y están pendientes de los otros, y esto es un obstáculo para la fé.

Dios nos hizo con una capacidad tremenda para romper barreras, parámetros, moldes que nos dicen qué podemos y qué no podemos hacer. Para eso existe la fé, para romper el molde, porque aquí dice que nada es imposible, que todo es posible.

Los hermanos Wright, ellos fueron los inventores del avión. Rompieron los límites y ahora nosotros gozamos de la herencia que estos dos jóvenes dejaron a la humanidad, porque se propusieron algo y lo lograron.

"Los límites no se rompen estando sentado, hay que hacer algo. Abraham era anciano, Sara era estéril, pero se atrevieron a creer a Dios".

Cuando Dios le habló a Noé, le dijo: *"prepárame un arca"*

Noé tuvo la fé de hacer el arca, pero Dios mandó el diluvio. A nosotros nos toca la fé. Noé hizo el arca en un tiempo que no había llovido, tuvo que vencer muchos límites para hacerlo, antes no llovía, solo había rocío. Noé fue criticado y si tú quieres hacer cosas poderosas, debes entender que alguien te va a criticar, señalar, pero si tú crees que esa empresa, negocio, se hará en Dios, debes continuar hasta terminar.

Cuando se hizo el primer viaje a la luna, se rompió un límite; alguien un día decidió romper un límite para heredarle a la humanidad un beneficio.

Los cristianos del primer siglo fueron quemados en la hoguera, perseguidos, rompieron los límites de la fé. No esperes romper límites sin que alguien te critique y juzgue.

El piloto Neil Armstrong había pisado la Luna. Le quedaba toda una vida por delante como el mayor héroe americano de todos los tiempos, pero él consideraba que solo había hecho bien lo que tenía que hacer. Esto fue romper los límites.

Rompiendo los límites del conformismo

Hay un límite que puede destruirnos, dejarnos estancados, y es el límite del conformismo. Este nos lleva a pensar que ya no podemos hacer nada con nuestros problemas y acomodarnos de nuestra

Movimientos de Fé

situación actual. Es una actitud de abandono y descuido. Es dejar de pelear para alcanzar las victorias que deben ser nuestras.

Déjame decirte que cuando tú te conformas, dejas de ser transformado; el conformismo trae atrasos en todas sus áreas, pues a lo que tú te conformas, esa será tu realidad.

En la Biblia podemos aprender cómo opera el espíritu de conformismo, en la historia de Lot, sobrino de Abraham. Lot se encontraba viviendo en Sodoma, ciudad que iba a recibir el castigo debido a su pecado. Dios envía a petición de su tío Abraham a sacarlos de ahí y envía a sus ángeles para sacarlo de allí junto con toda su familia.

Existirían tres ciudades importantes

1. Sodoma. Ciudad donde vivía y la cual estaba destinada a desaparecer.
2. El Monte de Dios. Donde los ángeles quieren llevarlo para protegerlo.
3. Zoar. La ciudad que Lot escoge para vivir.

Zoar. Ciudad muy pequeña. Simboliza *"Lo poco"*. Dios lo quería *llevar a su Monte, a su lugar, pero Lot se conformó con Zoar, con lo "poco".* Dios quería romper los límites del conformismo con Lot, pero él decidió quedarse con lo poco, con lo pequeño. Así tenemos muchos hijos en casa que se conformaron con Zoar, con lo pequeño, con lo poco. Pusieron un límite a su crecimiento y a su expansión.

"No es solo emprender el viaje de la mano de Dios y romper los límites de la razón y el conformismo, sino llegar a romper los límites y llegar al propósito que Dios tiene para tu vida".

El actuar de Lot manifiesta un estilo de vida conformista: no solo no salió inmediatamente del lugar, de acuerdo al pedido de los ángeles, sino que luego que los seres celestiales prácticamente lo empujaron a irse, decidió plantar una tienda a mitad de camino. Lot se conformaba con poco. **¿Con qué te conformas tú?**

La mente de Lot estaba atada, no se atrevía a creer en grande; hoy en día tenemos muchos hijos bajo el espíritu de Lot, no ven nada grande, solo ven lo pequeño, se conformaron a lo poco.

Dios quería llevarlo a cosas grandes, a romper los límites y caminar en fé, pero él no creía en sí mismo. En algún punto de su vida, había caído bajo el conformismo. Lot caminó con Abraham que era un hombre de fé, pero él no tenía fé.

Tú puedes caminar con gente de fé y tener la razón atrapada por el conformismo. Hoy te invito que rompas con los hábitos que no te dejan evolucionar y caminar en la plenitud de tu vida. Rompe todas tus limitaciones por medio de la fé.

¿Cuáles son tus límites? ¿Son familiares o económicos? *Escribe tus límites y rompe con ellos.*

Movimientos de Fé

Capitulo X
Rompe el Estancamiento y el Razonamiento

Movimientos de Fé

Rompe el Estancamiento y el Razonamiento

Rompe con el Estancamiento y Muévete en Fé

La vida cristiana está llena de momentos en los que podemos sentirnos estancados, como si estuviéramos atrapados en la rutina o en circunstancias difíciles. Sin embargo, la historia bíblica nos enseña que Dios nos llama a un caminar activo de fé, a salir de nuestra zona de confort y a confiar en Su dirección. Aquí hay algunas claves inspiradas en las vidas de personajes bíblicos que nos muestran cómo movernos en fé:

Confía en el Llamado de Dios (Abraham)

Abraham dejó todo lo que conocía por la promesa de Dios. Para ti, esto puede significar dejar hábitos, relaciones o miedos que te mantienen atado. Pregúntate: **¿Qué es lo que Dios te está pidiendo que dejes atrás?** La fé se activa cuando decides confiar en el plan de Dios, incluso cuando no ves el camino claro.

2. Actúa en Momentos de Crisis (Moisés)

Cuando Moisés se enfrentó al Mar Rojo, su fé lo llevó a actuar. A veces, necesitamos tomar decisiones audaces en momentos de crisis. Enfrenta tus miedos con la certeza de que Dios está contigo. Pregúntate: **¿Qué pasos puedo dar hoy que reflejen mi confianza en Dios, incluso cuando las circunstancias son desafiantes?**

Movimientos de Fé

3. Persevera a Pesar del Desánimo (La mujer con flujo de sangre)

La mujer con flujo de sangre no permitió que el miedo o el estigma la detuvieran. Su fé la llevó a buscar a Jesús. Cuando sientas que estás estancado, recuerda que la perseverancia en la fé puede llevar a la sanidad y la restauración. Pregúntate: **¿Qué obstáculos me están impidiendo acercarme a Dios?**

4. Actúa en Comunidad (Los amigos del paralítico)

La fé de los amigos del paralítico muestra el poder de la comunidad. A veces, necesitamos que otros nos ayuden a movernos hacia Jesús. Rodéate de personas que te animen y te empujen a crecer en tu fé. Pregúntate: **¿A quién puedo apoyar en su caminar de fé, y quién puede ayudarme a salir de mi estancamiento?**

5. Obedece las Instrucciones de Dios (El ciego de nacimiento)

La fé del ciego se activó cuando obedeció a Jesús. La obediencia puede parecer un paso pequeño, pero puede llevar a grandes transformaciones. Pregúntate: **¿Qué instrucciones específicas de Dios puedo seguir hoy para moverme en fé?**

6. Toma Riesgos (Pedro)

Pedro salió de la barca y caminó sobre el agua. A veces, moverse en fé significa arriesgarse. No dejes que el miedo al fracaso te impida avanzar. Pregúntate: **¿Qué riesgos puedo tomar para seguir a Dios más de cerca?**

Agradece y Reconoce (El leproso que regresó)

La gratitud es una forma poderosa de movernos en fé. El leproso que regresó no solo fue sanado, sino que también recibió un reconocimiento especial de Jesús. La gratitud abre la puerta a más bendiciones. Pregúntate: **¿Cómo puedo ser más agradecido en mi vida diaria y reconocer las obras de Dios?**

Actúa con Fé en la Adversidad (La viuda de Sarepta)

La viuda de Sarepta, en su necesidad, actuó en fé cuando dio de comer a Elías. A veces, nuestros momentos más oscuros pueden ser el catalizador para una fé profunda. Pregúntate: **¿Cómo puedo actuar en fé, incluso cuando mis recursos son limitados?**

Romper con el estancamiento y moverse en fé requiere acción, valentía y, sobre todo, confianza en Dios. Cada uno de estos personajes nos muestra que la fé activa transforma vidas y circunstancias. No te quedes paralizado; da el primer paso. Recuerda que Dios está contigo en cada movimiento que hagas hacia Él. ¡Es hora de avanzar y experimentar el poder de la fé en movimiento! *"Rompa con el Razonamiento y Muévase en Fé"* vamos a explorar cómo los paradigmas de la fé pueden ser transformadores en nuestras vidas. La fé no siempre se alinea con la lógica humana, y a menudo, debemos dejar de lado nuestro razonamiento y convenciones para experimentar lo extraordinario que Dios tiene para nosotros. Si puedes visualizar tu milagro, puedes tenerlo. ¡Vamos a profundizar en esto!

Entendiendo los Paradigmas de la Fé

Los paradigmas son las estructuras mentales que utilizamos para entender el mundo que nos rodea. Estos pueden ser limitantes y, a menudo, nos impiden ver el poder de Dios en acción. La fé, sin embargo, nos invita a trascender estos límites.

Versículo Clave: Hebreos 11:1

"La fé es la certeza de lo que se espera, la convicción de lo que no se ve."

Movimientos de Fé

La fé requiere que soltemos nuestro razonamiento y abracemos lo que parece imposible. Dios opera en lo sobrenatural, y nuestra fé le da la libertad de actuar en nuestras vidas.

Rompiendo el Razonamiento

Para romper con el razonamiento, debemos estar dispuestos a desafiar lo que creemos que es posible. Aquí hay algunos pasos para lograrlo:

- **Reconoce tus Limitaciones:** Acepta que tu entendimiento es limitado. Dios es infinito y su poder no puede ser contenido por nuestra lógica.

- **Desafía tus Creencias:** Pregúntate: **¿Qué creencias tengo que me impiden avanzar en mi fé? ¿Estoy limitando a Dios con mi razonamiento?**

- **Cree en lo Imposible:** La historia de la Biblia está llena de milagros que desafían la lógica. Desde la resurrección de Lázaro hasta la multiplicación de los panes y los peces, Dios utiliza lo imposible para revelar Su gloria.

Muévase hacia su Milagro

Ahora que hemos discutido la importancia de romper con el razonamiento, es hora de actuar. El movimiento es un principio clave en la fé.

- **Visualiza tu Milagro:** Si puedes verlo, puedes tenerlo. Lo que imaginas puede convertirse en realidad. Visualiza tu sanidad, tu provisión, tu restauración. La visualización es el primer paso hacia la manifestación de tu fé.

- **Actúa en Fé:** No esperes a que las circunstancias sean perféctas. La fé a menudo requiere acción. Pedro no caminó sobre el agua hasta que salió de la barca. **¿Qué pasos puedes tomar hoy?**

- **Confía en el Proceso:** A veces, el milagro no llega de inmediato. Confía en que Dios está trabajando en tu vida, incluso cuando no ves resultados inmediatos.

Testimonios de Fé

Es poderoso escuchar testimonios de aquellos que han roto con el razonamiento y han visto a Dios obrar milagros en sus vidas. Aquí hay algunos ejemplos:

El Testimonio de Abraham: Abraham dejó su hogar y su familia sin saber a dónde iba, pero confió en la promesa de Dios y se convirtió en el padre de muchas naciones.

La Mujer con Flujo de Sangre: A pesar de su condición y el rechazo social, ella se acercó a Jesús con fé y fue sanada. Su fé la llevó a actuar, y recibió su milagro.

La Fé en Acción

Para concluir, romper con el razonamiento y moverse en fé es un viaje que cada uno de nosotros debe tomar. No permitas que las limitaciones de tu mente te detengan. Recuerda que lo que es imposible para los hombres es posible para Dios.

Llamado a la Acción:

Hoy, te invito a dar un paso de fé. Visualiza tu milagro, desafía tus limitaciones y actúa. Dios está esperando que te muevas hacia Él. ¡Prepárate para recibir lo que has estado esperando!

Movimientos de Fé

Capitulo XI
Fé en Movimiento

Movimientos de Fé

Fé en Movimiento

La expresión *"fé en movimiento"* implica una fé activa, dinámica y que se manifiesta a través de acciones y decisiones. Se refiere a un estado en el que la fé no es solo una creencia pasiva, sino una fuerza motriz que impulsa a las personas a actuar y a confiar en Dios, incluso en circunstancias difíciles.

Definición de la Palabra Movimiento

El término *"movimiento"* se puede definir como el acto de cambiar de lugar o posición, así como un proceso de desarrollo o evolución en un contexto determinado. En un sentido más amplio, se refiere a cualquier cambio que involucra acción, progreso o transformación.

Definición de la Palabra Fé en hebreo

La palabra *"fé"* en hebreo se traduce como *"emuná"* (אֱמוּנָה), que significa *"fidelidad"* o *"confianza"*. La raíz de esta palabra implica una base sólida, lo que sugiere que la fé es una creencia firme y confiable en Dios y en sus promesas. La *"emuná"* se asocia con la idea de estar firmemente anclado en la verdad de Dios, lo que lleva a la acción y a la obediencia.

Fé Estancada en el Ámbito de los Milagros

Una fé estancada es aquella que no se traduce en acciones concretas ni en un crecimiento espiritual. En el contexto de los milagros, una fé estancada puede ser la que se aférra a creencias pasivas sin esperar activamente la intervención divina o sin

Movimientos de Fé

actuar en consecuencia. Esto puede manifestarse como una falta de expectativa, oración o disposición para actuar en fé, lo que limita la manifestación de los milagros.

Cómo Movernos en Fé Para movernos en fé, es esencial:

1. *Escuchar la Palabra de Dios*: La fé viene por el oír **(Romanos 10:17)**. La exposición a la Palabra de Dios alimenta y fortalece nuestra fé.

2. *Actuar en Base a la Fé*: La fé activa se traduce en acciones. Esto puede incluir orar, servir, dar, o tomar pasos hacia lo que Dios ha prometido.

3. *Mantener una Actitud de Expectativa*: Esperar que Dios actúe es fundamental. La expectativa es una expresión de fé que puede abrir puertas a milagros.

4. *Rodearse de Creyentes*: La comunidad de fé fomenta el crecimiento espiritual y la motivación para actuar en fé.

Sin Fé No Hay Movimiento

La frase *"sin fé no hay movimiento"* se refiere a la idea de que la fé es el impulso necesario para actuar. Sin fé, las acciones pueden ser vacías o motivadas por el miedo o la duda. La fé proporciona la confianza necesaria para dar pasos hacia lo desconocido, y sin ella, la inercia puede prevalecer.

La Fé de los Últimos Tiempos

La fé en los últimos tiempos se refiere a la capacidad de los creyentes para mantenerse firmes y activos en su fé a pesar de las pruebas, tribulaciones y desafíos que se presentan. Se espera que en estos tiempos, la fé se vuelva más vital, ya que las circunstancias globales pueden desafiar las creencias y la confianza en Dios.

En el contexto del último avivamiento, la fé es crucial para recibir las promesas y los milagros de Dios. Un avivamiento se caracteriza por un aumento en la actividad espiritual, donde las personas experimentan una renovación de su fé y un deseo de compartir el evangelio. En este contexto, la fé activa se convierte en un catalizador para la transformación personal y comunitaria, llevando a un mayor número de personas a experimentar la gracia y el poder de Dios.

En resumen, *"fé en movimiento"* representa la idea de que la fé debe ser activa y dinámica, llevando a los creyentes a actuar, esperar y experimentar los milagros de Dios en su vida cotidiana.

La fé que libera el milagro es, sin duda, una fé en movimiento, activa y dinámica, en contraposición a una fé estancada. Aquí te presento algunas reflexiones sobre ambas y cómo se relacionan con la liberación de milagros.

Fé en Movimiento

1. **Acción y Expectativa:** La fé que libera milagros es aquella que se manifiesta a través de acciones concretas. Esto implica no solo creer en las promesas de Dios, sino también actuar en base a esa creencia. Por ejemplo, en la Biblia, Jesús a menudo pedía a las personas que dieran un paso de fé antes de recibir su milagro, como cuando le dijo a un ciego que fuera y se lavara los ojos **(Juan 9:7)**.

2. **Confianza en Dios:** Esta fé está acompañada de una profunda confianza en que Dios es capaz de hacer lo que ha prometido. La fé activa no se deja llevar por las circunstancias, sino que se mantiene firme en la convicción de que Dios es poderoso para actuar.

3. **Riesgo y Obediencia:** La fé en movimiento a menudo requiere que tomemos riesgos y obedezcamos a Dios, incluso cuando no vemos resultados inme diatos. Esta obediencia puede abrir la puerta a la intervención divina y a los milagros.

Movimientos de Fé

Fé Estancada

1. **Inacción:** La fé estancada es aquella que se queda en la creencia sin traducirse en acciones. Puede ser una creencia teórica en el poder de Dios, pero carece de la expectativa y el movimiento que son necesarios para experimentar milagros.

2. **Duda y Temor:** La fé estancada a menudo está acompañada por la duda y el temor. Estos sentimientos pueden paralizar a las personas, impidiéndoles actuar de acuerdo con su fé, lo que limita la posibilidad de ver la mano de Dios en sus vidas.

3. **Falta de Expectativa:** Cuando la fé se estanca, se pierde la expectativa de que Dios puede y quiere hacer algo. Esto puede llevar a una vida espiritual sin poder y sin milagros.

En resumen, la fé que libera el milagro es una fé en movimiento que se manifiesta a través de la acción, la obediencia y la confianza en Dios. Esta fé activa es capaz de superar obstáculos y abrir puertas para que Dios intervenga de manera poderosa. Por otro lado, una fé estancada puede llevar a la inacción y a la falta de experiencia de los milagros, limitando lo que Dios puede hacer en la vida de una persona. Para experimentar los milagros de Dios, es vital cultivar una fé que esté siempre en movimiento, lista para actuar y esperar lo inesperado.

La Biblia está repleta de ejemplos de fé en movimiento, donde la acción y la confianza en Dios se combinan para provocar milagros y transformaciones. A continuación, se presentan algunos ejemplos destacados:

Abraham (Génesis 12:1-4)

Dios llamó a Abraham a dejar su tierra y su parentela para ir a una tierra que Él le mostraría. Abraham obedeció y se movió en fé, dejando lo conocido para seguir la dirección de Dios. Su disposición a actuar en base a la promesa de Dios lo llevó a convertirse en el padre de muchas naciones.

Moisés y el Éxodo (Éxodo 14:13-22)

Cuando el pueblo de Israel se encontraba atrapado entre el Mar Rojo y el ejército egipcio, Dios dijo a Moisés que levantara su vara y extendiera su mano sobre el mar. Moisés actuó en fé, y el mar se dividió, permitiendo que los israelitas cruzaran en seco. Aquí, la acción de Moisés fue fundamental para el milagro.

La historia de Moisés y el Éxodo, especialmente el relato de **Éxodo 14:13-22**, es un momento crucial en la narrativa bíblica que ilustra la fé de Moisés y la intervención divina en la liberación del pueblo de Israel de la esclavitud en Egipto. Aquí hay un análisis de la fé de Moisés en este contexto y los eventos que rodean el cruce del Mar Rojo. En **Éxodo 14,** el pueblo de Israel ha salido de Egipto, pero se encuentra en una situación desesperada: han llegado a la orilla del Mar Rojo, y el ejército egipcio los persigue. La situación es crítica, y el pueblo se siente atrapado y teme por sus vidas.

Elementos de la Fé de Moisés

Ante el pánico del pueblo, Moisés responde con una declaración de fé. En **Éxodo 14:13-14**, dice: *"No temáis; estad firmes y ved la salvación de Jehová, la cual él hará hoy con vosotros; porque los egipcios que hoy habéis visto, nunca más los veréis."* Moisés manifiesta una firme confianza en que Dios actuará a favor de su pueblo. Su fé no se basa en las circunstancias visibles, sino en la promesa y el carácter de Dios. Moisés asume el rol de líder espiritual y guía. En un momento de gran angustia, su fé proporciona dirección y esperanza al pueblo. Esto destaca la importancia del liderazgo basado en la fé, especialmente en tiempos de dificultad

En el versículo 15, Dios le dice a Moisés que levante su vara y extienda su mano sobre el mar. La obediencia de Moisés a esta

Movimientos de Fé

instrucción es un acto de fé. Él debe actuar en base a la palabra de Dios, a pesar de lo que los demás puedan pensar o sentir. Esto resalta que la fé activa se traduce en acción.

Cuando Moisés obedece y extiende su mano sobre el mar, Dios hace que las aguas se separen, permitiendo que los israelitas crucen en seco. Este milagro es una manifestación del poder de Dios y una recompensa a la fé y obediencia de Moisés. El cruce del Mar Rojo se convierte en un testimonio milagroso de la salvación divina.

La fé de Moisés y la liberación del pueblo de Israel no solo son eventos históricos, sino que también tienen un significado teológico profundo. Representan la salvación, la liberación del pecado y la fé en la intervención de Dios en momentos de crisis. Este relato ha sido una fuente de esperanza y aliento para generaciones de creyentes. La fé de Moisés en **Éxodo 14:13-22** es un ejemplo poderoso de confianza en Dios en medio de la adversidad. Su liderazgo, su disposición a escuchar y obedecer a Dios, y su capacidad para inspirar a otros son características que destacan su papel en la historia de la liberación de Israel. Este pasaje nos recuerda que, incluso en los momentos más difíciles, podemos confiar en la intervención y la salvación de Dios si mantenemos nuestra fé y obediencia a Su palabra.

La mujer con flujo de sangre (Marcos 5:25-34)

Una mujer que había estado enférma durante 12 años escuchó hablar de Jesús y creyó que si tan solo tocaba su manto, sería sanada. A pesar de las multitudes, se acercó y tocó su manto, y fue sanada al instante. Su fé se tradujo en acción, lo que resultó en un milagro de sanidad.

Los cuatro amigos y el paralítico (Marcos 2:1-12)

Cuatro hombres llevaron a un paralítico a Jesús, pero al no poder entrar por la multitud, decidieron abrir el techo de la casa y bajar al hombre. Su fé y determinación para llevar a su amigo a Jesús resultaron en que el paralítico no solo fue sanado físicamente, sino que también recibió el perdón de sus pecados. La historia del paralítico y sus cuatro amigos se encuentra en el Evangelio de **Marcos 2:1-12**, así como en relatos paralelos en **Mateo 9:1-8** y **Lucas 5:17-26**. Este relato es un hermoso ejemplo de la fé activa y la comunidad, así como de la capacidad de Jesús para sanar tanto físicamente como espiritualmente.

En este relato, Jesús está en una casa en Capernaúm, y la multitud se ha reunido para escuchar sus enseñanzas. La casa está tan llena que no hay espacio ni siquiera en la puerta. En esta situación, cuatro amigos llevan a su compañero paralítico para que Jesús lo sane.

La historia comienza con la compasión de los amigos hacia el paralítico. Su deseo de ayudarlo refleja una profunda amistad y un sentido de responsabilidad. Este aspecto de la historia destaca la importancia de tener personas que se preocupen por nosotros y nos apoyen en momentos de necesidad.

Al llegar a la casa y ver que no pueden acceder a Jesús debido a la multitud, los amigos no se rinden. En lugar de regresar, buscan una solución alternativa. Deciden subir al techo y hacer una abertura para descender al paralítico ante Jesús. Esta acción demuestra una fé activa y decidida, mostrando que a veces la fé requiere esfuerzo y creatividad para superar obstáculos. La fé de los cuatro amigos se manifiesta claramente en su acción. No solo creen que Jesús puede sanar a su amigo, sino que están dispuestos a actuar de manera tangible para llevarlo ante Él. Su fé no es solo un sentimiento; se traduce en acción concreta, lo que resalta que la verdadera fé a menudo se expresa a través de nuestras obras.

Cuando los amigos bajan al paralítico, Jesús no solo ve al hombre, sino también la fé de sus amigos. En **Marcos 2:5**, se dice: *"Al ver Jesús la fé de ellos, dijo al paralítico: Hijo, tus pecados te son perdonados"*. Este versículo muestra que la fé de los amigos

Movimientos de Fé

tiene un impacto directo en la vida del paralítico. Jesús responde a su fé y no solo sana su cuerpo, sino que también perdona sus pecados, lo que indica la conexión entre la fé, la salvación y la sanidad. Después de perdonar los pecados del paralítico, Jesús también lo sana físicamente, diciéndole que se levante, tome su lecho y se vaya a casa. El milagro no solo cambia la vida del paralítico, sino que también es un testimonio poderoso para todos los presentes, quienes quedan asombrados y glorifican a Dios. Esto muestra que la fé no solo transforma a quienes la tienen, sino que también afécta a quienes están a su alrededor.

La historia del paralítico y sus cuatro amigos es un ejemplo conmovedor de la fé activa y el poder de la comunidad en la vida de una persona. Nos enseña que la fé se manifiesta no solo en creencias internas, sino también en acciones concretas que buscan el bienestar de otros. La determinación y la creatividad de los amigos, así como la respuesta de Jesús a su fé, subrayan la importancia de la intercesión y el apoyo mutuo en la fé cristiana. También nos recuerda que Jesús tiene el poder de sanar y perdonar, lo que nos ofrece esperanza y renovación en nuestras propias vidas.

El ciego de nacimiento (Juan 9:1-7)

Jesús sanó a un ciego de nacimiento al hacer barro con su saliva y untarlo en los ojos del hombre, instruyéndolo a lavarse en la piscina de Siloé. El ciego actuó en fé al ir y lavarse, y al hacerlo, recuperó la vista. Su obediencia a la instrucción de Jesús fue clave para su milagro.

La historia del ciego de nacimiento se encuentra en el Evangelio de **Juan, capítulo 9**, **versículos 1 al 7**. Este relato es profundamente significativo y ofrece varias lecciones sobre la fé, la obediencia y la revelación de la obra de Dios. Aquí hay un análisis de la activación de la fé del ciego de nacimiento:

Jesús se encuentra con un hombre que ha sido ciego desde su nacimiento. Sus discípulos le preguntan si el ciego pecó o si sus padres pecaron, lo que refleja la creencia de la época de que el sufrimiento era consecuencia del pecado. Jesús responde que ni él ni sus padres pecaron, sino que su ceguera es una oportunidad para que las obras de Dios se manifiesten en él.

El Método de fé de Jesús

Jesús hace barro con su saliva y lo aplica a los ojos del ciego, instruyéndolo a que se lave en el estanque de Siloé. Este acto es significativo porque combina elementos físicos **(barro y agua)** con una orden que requiere fé y obediencia.

Activación de la Fé del Ciego

La fé del ciego comienza cuando escucha a Jesús. Aunque no puede ver, su disposición a escuchar y recibir instrucciones es fundamental. Esto refleja el primer paso en la activación de la fé: la disposición a escuchar la voz de Dios.

La fé se activa cuando el ciego sigue las instrucciones de Jesús. Al ir al estanque de Siloé para lavarse, demuestra confianza en las palabras de Jesús. Su obediencia es un paso crucial que activa su fé. Esto nos enseña que la fé a menudo requiere acción; no es solo un sentimiento, sino también un compromiso de obedecer. Al lavarse, el ciego recibe la vista. Este milagro es un momento de transformación personal que no solo valida su fé, sino que también lo lleva a una experiencia directa del poder de Dios. La fé se activa y se fortalece a través de la experiencia.

Después de recibir la vista, el ciego se convierte en un testigo de Jesús. Su fé no solo lo transforma a él, sino que también tiene un impacto en aquellos que lo rodean. Cuando le preguntan cómo recibió la vista, él testifica sobre el milagro, lo que refleja cómo la fé activa puede influir en la vida de otros. A lo largo del capítulo, el ciego pasa de ser simplemente un hombre curado a convertirse en un defénsor de Jesús, incluso ante la oposición

Movimientos de Fé

de los fariseos. Su fé se profundiza a medida que enfrenta cuestionamientos y desafíos, lo que muestra que la fé puede crecer y fortalecerse a través de las pruebas.

La historia del ciego de nacimiento nos enseña que la fé se activa a través de la escucha, la obediencia y la experiencia personal de la obra de Dios. También resalta la importancia del testimonio y cómo nuestra fé puede influir en los demás. Al igual que el ciego, cada uno de nosotros tiene la oportunidad de responder a la voz de Jesús y experimentar su poder transformador en nuestras vidas.

Pedro camina sobre el agua (Mateo 14:22-33)

Cuando los discípulos estaban en una barca durante una tormenta, Jesús se acercó caminando sobre el agua. Pedro, al reconocer a Jesús, le pidió que lo llamara para caminar sobre el agua. Jesús lo llamó, y Pedro salió de la barca y caminó hacia Él. Aunque comenzó a hundirse por el miedo, su fé inicial le permitió experimentar un milagro.

La historia de Pedro caminando sobre las aguas se encuentra en el Evangelio de **Mateo 14:22-33.** Este relato presenta una rica enseñanza sobre la fé y la actitud frente a las adversidades. Aquí hay algunas reflexiones sobre la actitud y la fé de Pedro en este contexto:

1. **Iniciativa y valentía** Cuando Jesús llama a Pedro a que se una a Él sobre las aguas, Pedro muestra una actitud valiente al salir de la barca. A pesar de la tormenta y el miedo que podría haber sentido, su decisión de caminar hacia Jesús refleja una fé activa y una disposición a actuar en base a esa fé.

2. **Fé en acción:** La fé de Pedro se manifiesta en su disposición a dar un paso hacia lo desconocido. Su acto de caminar sobre las aguas simboliza la confianza en Jesús y en su poder. Este paso de fé es fundamental en la vida cristiana, donde a menudo se nos llama a actuar incluso cuando las circunstancias parecen desalentadoras.

3. **Duda y miedo:** A medida que Pedro camina sobre las aguas, comienza a notar el viento y las olas, lo que le provoca miedo y duda. Este momento refleja la naturaleza humana: la fé puede flaquear ante las dificultades y los desafíos. La duda puede surgir incluso en aquellos que tienen una fé genuina.

4. **Clamor a Jesús:** Cuando Pedro comienza a hundirse, clama a Jesús: *"¡Señor, sálvame!"* Este acto de reconocer su vulnerabilidad y su necesidad de ayuda es crucial. La fé no significa estar libre de miedo o duda, sino reconocer esas emociones y buscar la ayuda divina cuando las cosas se complican.

5. **La respuesta de Jesús:** Jesús inmediatamente extiende su mano y lo sostiene, enseñándole que incluso en los momentos de duda, Él está presente para ayudar. Esto subraya la importancia de la gracia y la compasión divina en nuestras vidas, especialmente cuando enfrentamos nuestras luchas.

6. **Crecimiento en la fé:** Al final de la experiencia, cuando ambos regresan a la barca, los discípulos adoran a Jesús, reconociendo su divinidad. Esta experiencia se convierte en un momento de crecimiento y fortalecimiento de la fé para Pedro y los otros discípulos.

En resumen, la historia de Pedro caminando sobre las aguas es una poderosa ilustración de la fé en acción, la valentía de responder a un llamado divino, la lucha con la duda y el miedo, y la importancia de clamar a Dios en momentos de necesidad. También destaca la respuesta amorosa y pronta de Jesús ante nuestras luchas, recordándonos que la fé se fortalece a través de nuestras experiencias y desafíos.

El leproso que regresó (Lucas 17:11-19)

Diez leprosos fueron sanados por Jesús, pero solo uno, un samaritano, regresó para dar gracias. Su fé se manifestó en su

Movimientos de Fé

acción de volver y adorar a Jesús, y este leproso recibió no solo la sanidad, sino también la salvación.

La viuda de Sarepta (1 Reyes 17:8-16)

El proféta Elías fue enviado a una viuda en Sarepta durante una sequía. Ella estaba a punto de preparar una última comida para ella y su hijo. Elías le pidió que le hiciera primero una torta. A pesar de su situación desesperada, la viuda actuó en fé y preparó la comida para Elías. Como resultado, su harina y aceite nunca se agotaron durante la sequía.

Conclusión

Estos ejemplos ilustran cómo la fé en movimiento se traduce en acciones que generan milagros y cambios significativos. La fé activa no solo implica creer, sino también actuar en consecuencia, confiando en Dios y en Su poder para obrar en nuestras vidas.

Capitulo XII
Movimiento de Fé

Movimientos de Fé

Movimiento de Fé

El *"movimiento de fé"* y la idea de la *"última gran cosecha de almas"* son conceptos que han cobrado relevancia en el contexto del evangelismo contemporáneo, especialmente en el marco de los movimientos pentecostales y carismáticos. Este enfoque está vinculado con la creencia de que estamos en los últimos tiempos y que Dios está preparando a Su pueblo para una cosecha espiritual masiva. A continuación, se exploran algunos aspectos clave de este movimiento y su relación con la última gran cosecha de almas.

Conceptos Clave del Movimiento de Fé y la Última Gran Cosecha

1. Expectativa Escatológica:

- Los creyentes en este movimiento a menudo creen que estamos viviendo en los últimos días, como se menciona en la Biblia. Pasajes como **Mateo 24:14** dicen: *"Y será predicado este evangelio del reino en todo el mundo, para testimonio a todas las naciones; y entonces vendrá el fin."* Esta expectativa impulsa un férvor evangelístico.

El movimiento de fé enfatiza la obra del Espíritu Santo en la vida de los creyentes, capacitándolos para llevar a cabo la gran comisión. **Hechos 1:8** dice: *"Pero recibiréis poder cuando haya venido sobre vosotros el Espíritu Santo; y me seréis testigos en Jerusalén, en toda Judea, en Samaria, y hasta lo último de la tierra."*

Movimientos de Fé

La Enseñanza de la gran cosecha se utiliza frecuentemente en la Biblia para describir la recolección de almas. En **Juan 4:35**, Jesús dice: *"¿No decís vosotros: ¿Aún faltan cuatro meses para que llegue la siega? He aquí, yo os digo: Alzad vuestros ojos y mirad las tierras, porque ya están blancas para la siega."* Esto indica que hay un tiempo específico en que las almas están listas para ser alcanzadas.

Se cree que la manifestación de milagros y señales acompañará este tiempo de cosecha, ayudando a atraer a las personas a la fé. Marcos **16:17-18** menciona: *"Y estas señales seguirán a los que creen: [...] sobre los enfermos pondrán sus manos, y sanarán."*

Se enfatiza la importancia de la unidad entre diferentes denominaciones y grupos cristianos para maximizar el impacto del evangelio. **Juan 17:21** dice: *"Para que todos sean uno; como tú, oh Padre, en mí, y yo en ti, que también ellos sean uno en nosotros; para que el mundo crea que tú me enviaste."*

Estrategias para la Última Gran Cosecha de Almas

1. Evangelismo Activo:

- Los creyentes son animados a compartir su fé de manera activa, utilizando testimonios personales, la distribución de literatura cristiana y la participación en actividades comunitarias.

2. Uso de Tecnología:

- El uso de plataformas digitales y redes sociales se ha convertido en una herramienta clave para alcanzar a las personas, especialmente a las nuevas generaciones. Esto incluye la creación de contenido que sea relevante y atractivo.

3. Culto y Adoración:

- Se realizan eventos de adoración y reuniones de oración para invocar la presencia de Dios y pedir por una cosecha abundante.

La adoración colectiva es vista como un medio poderoso para atraer la presencia de Dios y preparar el ambiente para la evangelización.

4. Programas de Discipulado:

- Después de la cosecha, es crucial que los nuevos creyentes sean discipulados y se integren en la comunidad de fé. Se desarrollan programas de discipulado que ayudan a fortalecer su fé y conocimiento bíblico.

5. Intercesión:

- La oración intercesora por las almas perdidas es fundamental. Se forman grupos de oración que se enfocan en clamar a Dios por la salvación de las personas en sus comunidades y en el mundo.

El movimiento de fé y la última gran cosecha de almas se centran en la creencia de que Dios está preparando a Su iglesia para un avivamiento espiritual sin precedentes en los últimos días. Con un enfoque en la oración, el poder del Espíritu Santo, la unidad y la proclamación del evangelio, los creyentes buscan ser instrumentos en la mano de Dios para alcanzar a aquellos que aún no conocen a Cristo. Este llamado a la acción es un recordatorio de la misión de la iglesia y la urgencia de llevar el mensaje de salvación a un mundo que lo necesita desesperadamente.

Los milagros y la fé son elementos centrales en muchos avivamientos, y el último avivamiento, como cualquier otro en la historia del cristianismo, ha sido marcado por la expectativa y la manifestación de lo sobrenatural. A continuación, se exploran estos conceptos en el contexto de los avivamientos recientes, especialmente en aquellos que han ganado atención en las últimas décadas.

Movimientos de Fé

Los Milagros en el Último Avivamiento

En el contexto cristiano, los milagros son eventos sobrenaturales que se consideran actos de Dios que desafían las leyes naturales. Estos pueden incluir sanidades, liberaciones, provisiones sobrenaturales y otros fénómenos que se interpretan como intervenciones divinas.

Maniféstaciones Comunes:

Muchos testimonios de avivamientos recientes incluyen relatos de personas que han experimentado sanaciones físicas o emocionales. Estas sanidades son frecuentemente acompañadas de oraciones férvientes y un ambiente de intenso férvor espiritual. En algunos avivamientos, se reportan liberaciones de opresión espiritual o adicciones, donde los individuos sienten una transformación instantánea en su vida espiritual o emocional. Testimonios de provisiones inesperadas, ya sea en términos de recursos materiales o en la resolución de problemas difíciles, son comunes.

Ejemplos Recientes:

Avivamiento en Asbury **(2023)**: En este avivamiento, que comenzó en la Universidad de Asbury, miles de personas se congregaron para experimentar una atmósféra de adoración continua, donde se reportaron testimonios de sanidades y restauraciones espirituales.

Muchas iglesias carismáticas han reportado milagros como parte de sus reuniones, donde se espera que la presencia de Dios se manifieste de manera tangible.

La Fé en el Último Avivamiento

En el contexto cristiano, la fé se entiende como la confianza y creencia en Dios y en Su capacidad para actuar en el mundo y en la vida de los creyentes. La fé es a menudo vista como un catalizador para el milagro. En un avivamiento, la fé de la comunidad juega un papel crucial. La unidad y el fuego compartido entre los creyentes pueden crear un ambiente propicio para la maniféstación de milagros.

La expectativa de que Dios puede y quiere hacer milagros es fundamental. Durante los avivamientos, los creyentes suelen ser impulsados por una profunda convicción de que Dios está presente y activo entre ellos. La fé se nutre a través de testimonios de aquellos que han experimentado milagros, lo que a su vez alimenta la fé de otros.

Prácticas de Fé:

La oración férviente y la adoración intensa son prácticas comunes en los avivamientos, donde se busca una relación más profunda con Dios y se pide Su intervención.

Los milagros y la fé son componentes esenciales que caracterizan los avivamientos contemporáneos. La expectativa de que Dios actúe de manera sobrenatural, junto con la fé activa de la comunidad de creyentes, crea un ambiente donde los milagros pueden manifestarse. Estos elementos no solo fortalecen la experiencia espiritual de los participantes, sino que también tienen el potencial de impactar a las comunidades y a la sociedad en general, llevando a una mayor conciencia de la obra de Dios en el mundo.

El avivamiento se refiere a un período de renovación espiritual, donde hay un incremento notable en la actividad espiritual, la conversión de almas, el férvor en la oración, y un enfoque renovado en la adoración y la predicación del evangelio. Los avivamientos suelen ser caracterizados por la manifestación de la presencia de Dios y un impacto significativo en las comunidades y sociedades.

Movimientos de Fé

Características:

Conversión Masiva: Aumento en el número de personas que aceptan la fé cristiana.

Transformación Espiritual: Un sentido renovado de compromiso y devoción hacia Dios entre los creyentes.

Manifestaciones Carismáticas: En muchos avivamientos, se observan fenómenos como el hablar en lenguas, profécía, sanidades y otros dones del Espíritu.

Énfasis en la Oración y la Adoración: La oración férviente y la adoración se intensifican.

Ejemplos Históricos: Algunos de los avivamientos más conocidos incluyen el Avivamiento de Gales **(1904-1905)**, el Avivamiento de Azusa Street **(1906-1915)** en Los Ángeles, y el Avivamiento de la Calle de la Oración **(1970)** en Asbury College, entre otros.

Movimiento de Fé

El Movimiento de Fé, que a menudo se asocia con la teología de la prosperidad, enfatiza el poder de la fé activa y la confesión positiva para obtener sanidad, prosperidad y otras bendiciones divinas. Es un enfoque contemporáneo que ha crecido en popularidad en el siglo XX y XXI, particularmente en iglesias evangélicas y carismáticas.

Líderes como Kenneth Hagin y Kenneth Copeland, Guillermo Maldonado, cash luna entre otros han sido influyentes en la propagación del gran avivamiento, que se han difundido a través de medios de comunicación y conférencias.

Conexiones entre Avivamiento y Movimiento de Fé

Tanto el avivamiento como el movimiento de fé incluyen experiencias espirituales intensas y la manifestación de los dones del Espíritu Santo. Ambos fenómenos buscan una renovación y un avivamiento del férvor espiritual en los creyentes, aunque cada uno lo aborda desde diferentes ángulos. Los avivamientos suelen tener un impacto profundo en las comunidades, llevando a un aumento en la evangelización y el compromiso social, mientras que el movimiento de fé tiende a enfocarse más en las necesidades individuales y la prosperidad de los creyentes.

En muchas iglesias que experimentan avivamientos, se pueden encontrar también enseñanzas del movimiento de fé, ya que ambas corrientes comparten un énfasis en la fé activa y la intervención divina.

El avivamiento y el movimiento de fé son manifestaciones importantes del cristianismo contemporáneo que reflejan la búsqueda de los creyentes por una manifestación profunda con Dios, así como la experiencia de la obra del Espíritu Santo en sus vidas. Aunque tienen enfoques y énfasis diferentes, ambos son parte de la rica diversidad de la experiencia cristiana actual.

El carácter del hombre en los últimos tiempos, según la Biblia, se describe frecuentemente como problemático, marcado por una serie de actitudes y comportamientos que reflejan una falta de fé y una desvinculación de los principios divinos. Este tema es tratado en varios pasajes del Nuevo Testamento, especialmente en las cartas de Pablo y en las enseñanzas de Jesús. A continuación, se exploran algunas características del carácter del hombre de los últimos tiempos, junto con versículos bíblicos que las respaldan.

Características del Hombre en los Últimos Tiempos

1. Egoísmo y Materialismo:

2 Timoteo 3:1-2: *"Pero debes saber esto: que en los últimos días vendrán tiempos peligrosos; porque habrá hombres amadores de sí mismos, avaros, vanagloriosos, soberbios, blasfémos, desobedientes a los padres, ingratos, impíos."* Este pasaje describe una inclinación hacia

Movimientos de Fé

el egocentrismo y el materialismo, donde los hombres priorizan sus deseos y posesiones sobre las relaciones y la espiritualidad.

2. Desamor y Falta de Compasión:

Mateo 24:12: *"Y por haberse multiplicado la maldad, el amor de muchos se enfriará."* Jesús advierte que en los últimos tiempos, el aumento de la maldad provocará que el amor y la compasión entre las personas se enfríen, reflejando una falta de fé en los principios de amor y bondad.

3. Desobediencia y Rebelión:

2 Timoteo 3:2: *"…desobedientes a los padres, ingratos, impíos."* La desobediencia hacia la autoridad, incluida la parental, es una característica que se menciona como parte del carácter de los hombres en los últimos días, indicando una falta de respeto y reconocimiento de los valores familiares.

4. Falta de Fé y Duda:

Lucas 18:8: *"Os digo que pronto les hará justicia. Pero cuando venga el Hijo del Hombre, ¿***hallará fé en la tierra?***"* Esta pregunta de Jesús refleja una preocupación por la falta de fé al final de los tiempos, sugiriendo que la incredulidad se volverá común entre las personas.

5. Orgullo y Altivez:

2 Timoteo 3:2: *"…vanagloriosos, soberbios…"* La altivez y el orgullo son actitudes que desvían a las personas de la humildad y la fé en Dios, llevándolas a depender de sí mismas en lugar de confiar en Su poder.

6. Amor por las Placeres:

2 Timoteo 3:4: …amadores de los placeres más que de Dios. "La búsqueda de placeres y satisfacción personal en detrimento de una relación con Dios es una señal de un carácter que ha perdido la fé y la conexión espiritual".

La Biblia nos advierte sobre el carácter del hombre en los últimos tiempos, describiendo un mundo donde la falta de fé, el egoísmo, la desobediencia y la frialdad del amor son predominantes. Estas características reflejan una desconexión de los principios divinos y un alejamiento de la fé genuina. Los creyentes son llamados a mantenerse firmes en su fé, a vivir de acuerdo a los principios de amor y humildad, y a ser luz en medio de un mundo que se oscurece. Es un recordatorio de la importancia de cultivar la fé y la confianza en Dios en tiempos desafiantes.

Los *"cinco ministerios"* se refieren a los roles específicos que se mencionan en **Efésios 4:11-13,** donde se identifican a los apóstoles, profétas, evangelistas, pastores y maestros como los líderes designados por Dios para edificar la iglesia. En el contexto del movimiento de fé, estos ministerios son fundamentales para la expansión del evangelio, así como para la manifestación de milagros, señales y maravillas. A continuación se exploran estos ministerios y su relación con el movimiento de fé en las naciones.

Los Cinco Ministerios Apostólicos y el movimiento de Fé

1. Apóstoles:

Los apóstoles son enviados por Dios para establecer iglesias, supervisar el desarrollo de la fé y guiar a otros ministerios. Tienen una función de liderazgo y autoridad en la iglesia. En el movimiento de fé, los apóstoles son vistos como pioneros que llevan el mensaje del evangelio a nuevas regiones y culturas, muchas veces acompañados de milagros y manifestaciones del poder de Dios.

Movimientos de Fé

2. Profétas:

Los profétas son aquellos que comunican la palabra de Dios y Su voluntad a Su pueblo. A menudo proporcionan dirección, advertencias y aliento. En el contexto del movimiento de fé, los profétas ayudan a discernir los tiempos y las estaciones espirituales, guiando a la iglesia hacia el avivamiento y la cosecha de almas. Sus palabras pueden preceder a eventos de milagros y señales.

3. Evangelistas:

Los evangelistas se enfocan en compartir el evangelio y ganar almas para Cristo. Son apasionados por la salvación y suelen tener un don especial para comunicar el mensaje de manera efèctiva. Los evangelistas son clave en el movimiento de fé, ya que se les anima a salir a las calles, realizar campañas evangelísticas y utilizar milagros y señales como herramientas para atraer a la gente al evangelio.

4. Pastores:

Los pastores son responsables del cuidado y la enseñanza de la congregación. Su labor es guiar, proteger y alimentar espiritualmente a los creyentes. En el movimiento de fé, los pastores también son llamados a preparar a su congregación para el avivamiento y la cosecha, fomentando un ambiente de fé donde se esperan milagros y la manifèstación del poder de Dios.

5. Maestros:

Los maestros se dedican a la enseñanza de la Palabra de Dios, asegurándose de que los creyentes tengan una comprensión sólida de la doctrina y principios cristianos. Los maestros son esenciales para equipar a los creyentes en la fé y preparar sus corazones y mentes para recibir lo que Dios está haciendo. Una sólida enseñanza bíblica puede llevar a un entendimiento más profundo del poder de Dios para realizar milagros y maravillas.

Milagros, Señales y Maravillas en el Movimiento de Fé

El movimiento de fé se caracteriza por una fuerte creencia en la manifestación de milagros, señales y maravillas como parte de la obra de Dios en la actualidad. A continuación se detallan cómo estos elementos son fundamentales en el contexto de los cinco ministerios:

Expectativa de Milagros:

Los creyentes en el movimiento de fé tienen una expectativa activa de que Dios se manifestará a través de milagros y sanidades. Esta expectativa es fomentada por apóstoles y profétas, quienes a menudo proclaman el poder de Dios en sus ministerios.

En cruzadas evangelísticas, los milagros y señales son vistos como confirmaciones de la predicación del evangelio. Evangelistas a menudo oran por sanidades y liberaciones, lo que atrae a muchos a la fé. La obra del Espíritu Santo es central en la manifestación de milagros. Los ministerios de fé, especialmente los apóstoles y profétas, buscan estar llenos del Espíritu Santo para operar en los dones espirituales **(1 Corintios 12:7-11)**.

Los milagros sirven como testimonios del poder de Dios y pueden abrir corazones a la fé. La enseñanza sólida de los maestros y la pastoreación amorosa ayudan a cimentar estos testimonios en la vida de la iglesia.

El rol de los apóstoles y profétas en el movimiento de fé es fundamental, especialmente en el contexto de los milagros y la última cosecha.

Apóstoles y Profétas en el Movimiento de Fé

1. Apóstoles*

Son Pioneros de la Fé; Los apóstoles son enviados por Dios para establecer nuevas iglesias y comunidades de fé. Su función es construir una base sólida para el crecimiento espiritual y la

Movimientos de Fé

expansión del evangelio. En el movimiento de fé, los apóstoles son portadores de la unción del Espíritu Santo, lo que les permite operar en milagros, señales y maravillas. Estos Movimiento sobrenaturales no solo son para edificación personal, sino que también sirven como testimonio del poder de Dios ante el mundo.

Preparación para la Cosecha: Los apóstoles desempeñan un papel crucial en preparar a la iglesia para la última cosecha de almas. Esto implica no solo la evangelización, sino también el discipulado y la capacitación de los creyentes para que puedan compartir su fé y operar en los dones espirituales.

2. Profétas

Los profétas son llamados a comunicar la palabra de Dios, ofreciendo dirección, advertencia y aliento a la iglesia. Su función es vital en tiempos de avivamiento y cosecha, ya que ayudan a discernir lo que Dios está haciendo en la actualidad. En el movimiento de fé, los profétas pueden recibir revelaciones acerca de la voluntad de Dios y sobre la llegada de la cosecha. Esto puede incluir profécías sobre el avivamiento, la sanidad y la liberación, que animan a los creyentes a actuar en fé y esperanza.

Los profétas también juegan un papel en la activación de los creyentes para que se comprometan en la obra del ministerio. A través de sus palabras, inspiran a la congregación a esperar milagros y a participar en la cosecha.

En el contexto del movimiento de fé, hay una fuerte expectativa de que Dios realizará milagros como parte de Su obra en la última cosecha. Apóstoles y profétas enseñan que los milagros son una maniféstación del amor y el poder de Dios y que deben ser buscados y esperados.

Las Profécías no son solo actos de revelación, sino también herramientas de evangelismo. Los apóstoles y profétas enfatizan que cuando la gente ve el poder de Dios maniféstado a través de milagros, sus corazones se abren al mensaje del evangelio.

La Última Cosecha

La última cosecha se refiere a la recolección final de almas antes del regreso de Cristo. Los ministerios apostólicos y proféticos son clave para preparar a la iglesia para este tiempo crucial, asegurando que los creyentes estén equipados y dispuestos a salir a las calles y compartir el evangelio.

A menudo, los avivamientos están acompañados de una ola de milagros y sanidades, lo que provoca un interés masivo en el mensaje del evangelio. Los apóstoles y profétas son líderes en estos movimientos, guiando a la iglesia a aprovechar la oportunidad de alcanzar a aquellos que buscan respuestas.

Los apóstoles y profétas también son responsables de equipar a la iglesia para que cada miembro pueda ser un testigo eféctivo. Esto incluye la enseñanza sobre cómo operar en los dones del Espíritu, lo que puede resultar en milagros y señales que acompañen el mensaje.

En resumen, los apóstoles y profétas juegan un papel central en el movimiento de fé, especialmente en relación con los milagros y la última cosecha. A través de su liderazgo, enseñanza y activación de la comunidad de creyentes, se fomenta un ambiente de fé donde se esperan y se experimentan milagros, lo que a su vez impulsa la misión de alcanzar al mundo con el evangelio. En este contexto, la última cosecha de almas se convierte en una realidad tangible, marcada por el poder de Dios y la respuesta de la fé de Su pueblo.

El movimiento de fé y la activación del ministerio profético son conceptos interrelacionados que han cobrado relevancia en las comunidades cristianas contemporáneas, especialmente en el contexto de la búsqueda de avivamiento y el deseo de ver la manifestación del poder de Dios en la vida de los creyentes. A continuación, se exploran estos conceptos en detalle:

Movimientos de Fé

El movimiento de fé, que se popularizó en el siglo XX, se basa en la creencia de que la fé activa puede traer cambios y milagros en la vida de las personas. Este movimiento enfatiza varios aspectos clave:

Se enseña que la fé es un principio fundamental en la vida cristiana, que activa la intervención de Dios en diversas situaciones. Los creyentes son activados a tener una fé activa y expectante, lo que les permite experimentar el poder de Dios en sus vidas. En este movimiento, se enfatiza la importancia de las declaraciones y confésiones. declarar la Palabra de Dios trae resultados visibles y tangibles.

Una característica distintiva del movimiento de fé es la expectativa de milagros y sanidades. Los creyentes son activados a orar por sanidad y que Dios actúe de manera sobrenatural.

Activación del Ministerio Profético

La activación del ministerio profético se refiere al proceso de despertar y movilizar a los creyentes para que operen en el don de profécía y en otros aspectos del ministerio profético. Esto incluye:

1. **Reconocimiento del Don Profético:** En el contexto del movimiento de fé, se enseña que todos los creyentes pueden ser activados para operar en el don profético. Esto se basa en pasajes bíblicos que indican que el Espíritu Santo es dado a todos los creyentes y que los dones espirituales están disponibles para la edificación de la iglesia.

2. **Entrenamiento y Capacitación:** Muchas iglesias y ministerios dentro del movimiento de fé ofrecen capacitación para desarrollar el ministerio profético. Esto puede incluir enseñanzas sobre cómo escuchar la voz de Dios, interpretar sueños y visiones, y compartir palabras proféticas de manera eféctiva y responsable.

3. **Activación en la Congregación:** La activación del ministerio profético a menudo ocurre en un ambiente congregacional. A través de tiempos de oración y alabanza, los creyentes son activados para manifestar lo que Dios les ha revelado.

4. **Confirmación y Discernimiento:** Es importante que las palabras proféticas se sometan al discernimiento y la confirmación de otros creyentes y líderes. Esto ayuda a asegurar que las revelaciones sean auténticas y estén alineadas con la Palabra de Dios.

5. **Impacto en la Comunidad:** Cuando los creyentes operan en el ministerio profético, esto puede tener un impacto profundo en la comunidad. Las palabras proféticas pueden traer dirección, consuelo y edificación a la iglesia y a aquellos que están fuera de ella, abriendo puertas para el evangelismo y la sanidad.

Conexión entre el Movimiento de Fé y la Activación Profética

La conexión entre el movimiento de fé y la activación del ministerio profético es significativa. Ambos enfatizan la importancia de la fé, la acción y la expectativa de que Dios se moverá de manera poderosa. Algunas formas en que se conectan son:

Expectativa de Resultados: En el movimiento de fé, se espera que las manifestaciones del ministerio profético resulten en cambios tangibles en la vida de las personas. Esto puede incluir sanidades, restauraciones y respuestas a oraciones.

Construcción de la Fé Comunitaria: La activación del ministerio profético en el contexto del movimiento de fé también ayuda a construir la fé de la comunidad. Las palabras proféticas pueden alentar y fortalecer a los creyentes, ayudándoles a permanecer firmes en su fé.

Movimientos de Fé

Cosecha de Almas: El ministerio profético, junto con la fé activa, puede jugar un papel crucial en la última cosecha de almas, ya que las palabras de aliento y dirección pueden atraer a los no creyentes y abrir sus corazones al mensaje del evangelio.

En resumen, el movimiento de fé y la activación del ministerio profético se entrelazan para crear un ambiente donde se espera y se vive el poder de Dios. A través de la fé activa y la operación de los dones proféticos, se busca un avivamiento que no solo transforma vidas individuales, sino que también impacta a la comunidad y prepara a la iglesia para la gran cosecha.

Activar la fé y el espíritu profético en movimiento

Crear una atmósféra de milagros, implica una combinación de Activaciones y un ambiente espiritual propicio. Aquí hay algunos pasos y principios que pueden ayudar en este proceso:

1. Cultivar una Mentalidad de Fé

Enseñanza sobre la Fé*: Proporciona enseñanzas bíblicas sobre la fé y su importancia en la vida del creyente. Usa pasajes como **Hebreos 11:1 y Marcos 11:22-24** para enfatizar la confianza en Dios y el poder de la oración. Comparte testimonios de milagros y respuestas a oraciones. Esto no solo edifica la fé de los creyentes, sino que también crea una expectativa de que Dios puede actuar de manera similar en sus vidas.

2. Oración y Dependencia del Espíritu Santo

Organiza tiempos de oración en grupo donde los creyentes busquen la presencia de Dios y se preparen para recibir su dirección. La oración es fundamental para abrir corazones y crear una atmósféra receptiva. Enseñar a los creyentes a tener relación con la presencia del Espíritu Santo en sus reuniones, pidiendo su guía y su poder para moverse entre ellos.

3. Activación del Don Profético

Ofrece talleres o clases sobre los dones espirituales, especialmente el don de profécia. Enseña a los participantes a escuchar la voz de Dios y a discernir lo que reciben.

Realiza ejercicios donde los creyentes puedan practicar el ministerio profético en un ambiente seguro y de apoyo. Esto podría incluir la oración por otros, compartir palabras de aliento y visiones, y recibir retroalimentación.

4. Crear una Atmósféra de Alabanza y Adoración

La música puede transformar el ambiente espiritual. Fomenta la adoración con música que exalte a Dios y invite a su presencia. La adoración puede abrir las puertas para que se manifiesten los milagros. Permite momentos de adoración espontánea en tus reuniones, donde las personas pueden expresarse libremente en alabanza, danza o en lenguas.

5. Expectativa y Fé Colectiva

Activar a la congregación a hacer declaraciones de fé en voz alta. Estas declaraciones pueden basarse en la Palabra de Dios y ayudar a construir una atmósféra de expectativa.

6. Acción y Oportunidades de Servicio

Motivar a los creyentes a actuar en fé. Esto puede incluir orar por los enférmos, compartir el evangelio o involucrarse en el servicio comunitario, Organizar eventos donde los creyentes puedan poner en práctica su fé y dones proféticos, como noches de milagros, sanidades o evangelismo.

7. Discernimiento y Responsabilidad

Fomenta la importancia del discernimiento al recibir palabras proféticas. Anima a los creyentes a someter sus palabras a la comunidad y a los líderes de la iglesia. Crea una cultura de apoyo donde los creyentes puedan compartir sus experiencias y recibir orientación de lideres.

8. Formar una Comunidad de Fé

Promueve la construcción de relaciones en la iglesia. La confianza y el amor entre los miembros pueden crear un ambiente donde se sientan seguros para compartir y ministrar.

Establece grupos de intercesión donde los creyentes puedan unirse para orar, compartir y edificar la fé unos a otros.

Conclusión

Al activar la fé y el espíritu profético y crear una atmósféra de milagros, es crucial que se enfoque en la presencia de Dios y en la comunidad de creyentes. A través de la enseñanza, la oración, la adoración y la práctica activa de los dones espirituales, se puede establecer un entorno donde los milagros y el poder de Dios se manifiesten de manera tangible. Esto no solo impactará a la iglesia, sino a la comunidad ára maniféstar el movimiento de Fé

EDITORIAL ZOE

TUS SUEÑOS HECHOS LITERATURA
WWW.EDITORIALZOE.COM

Made in the USA
Columbia, SC
14 October 2024